*B*IBLIOTECA
DE LA *L*IBERTAD
FORMATO MENOR

HÁGASE
TU VOLUNTAD

JOSÉ BENEGAS

HÁGASE
TU VOLUNTAD

[Bajar del cielo para conseguir
un cargador de iPhone]

Unión Editorial
2015

© 2015 José Benegas
© 2015 UNIÓN EDITORIAL, S.A.
c/ Martín Machío, 15 • 28002 Madrid
Tel.: 913 500 228 • Fax: 911 812 212
Correo: info@unioneditorial.net
www.unioneditorial.es

ISBN: 978-84-7209-652-3

Depósito legal: M. 1.343-2015

Compuesto e impreso por JPM Graphic, S.L.

Impreso en España • *Printed in Spain*

He conocido a mucha gente de todas partes del mundo y puedo decir que, al final del día, todo el mundo persigue lo mismo: un cargador de iPhone…

SHIMON PERES

ÍNDICE

PRÓLOGO
por María Blanco

Este libro no habla de Dios sino del Hombre. No habla con irreverencia de la creencia personal de cada uno, sea ese uno ateo, cristiano, musulmán, judío o budista, sino de la perversa necesidad de creencias y credenciales que tenemos en esta sociedad de más brillo social que brillantez intelectual. Necesitamos creencias porque nos hemos acostumbrado a la respuesta inmediata. No importa que sea insulsa, falsa o falaz. Nos da lo mismo si quien la ofrece está inmerso en un proceso de búsqueda o, por el contrario, solamente trata de recibir aplausos. Queremos una respuesta y la queremos ya. No podemos afrontar la duda. Nuestro umbral de tolerancia a la incertidumbre ha encogido tanto que nos viene pequeño el razonamiento, el camino del estudio y la razón, para vestir una ansiedad social hipertrofiada, con obesidad mórbida, generada por tanta precaución frente al pensamiento libre y tanta vanidad superficial. Es esa fe ciega y absurda en que es el dios Sol el que nos manda la sequía, la diosa Gea la que provoca erupciones volcánicas, pero también la manera latina de vivir la fe judeocristiana, que inocula el plomo de la culpa en tu sangre. Esas creencias que nos ayudan a evadir nuestra responsabilidad porque hay siempre una instancia superior que explica, justifica, actúa, provee y maneja las riendas que, en realidad, deberían estar en nuestras manos.

Necesitamos credenciales porque no sabemos estar solos, no valoramos el silencio interior, el recogimiento, tan necesario para la lectura, la reflexión y las grandes preguntas. Buscamos el reflejo

en el otro, pero en cualquier otro. Y así, nos amoldamos a lo que
el grupo demande, tanto si eso nos aparta de lo que nuestra mente nos pide, como si tenemos que dedicar media vida a trabajar
para tener el estatus requerido. Clubes de deporte, de música,
de política, de valores, de todo… hoy todo se hace en grupo, se
decide en grupo, se yerra en grupo, ha dejado de existir el respeto
a la individualidad, a la que hemos disfrazado de egoísmo, como
quien disfraza al soberbio oso de los bosques de un atolondrado
Winnie the Pooh.

Es un libro transgresor, necesariamente, porque sale de la mente
y de las manos de una persona naturalmente rebelde. No trata
de despertar simpatías ni antipatías, simplemente dice las cosas
clavando el alfiler de la ironía, de la analogía y de la inteligencia,
por aquello de que nuestra sociedad está compuesta por vivos
dormidos que caminan como sonámbulos por el laberinto ideo-
lógico del siglo XXI. Sin conocimiento, sin consciencia, vemos a
nuestros semejantes deambular por las diferentes formas de gobierno que hemos diseñado a lo largo de la historia, encaminándose
allá donde suene el silbato del pastor de borregos. Y hasta entre
los más cultivados encontramos quienes no acaban de despertar
y entender que vamos hacia el precipicio de la cobardía irrespon-
sable, en cuyo fondo está el horror de la esclavitud y la barbarie.

Este libro escandaliza necesariamente a quienes prefieren cualquier otra cosa antes que la libertad, a los timoratos y a quienes
esconden prejuicios bajo la alfombra, incluso a esos que defienden
ideas liberales en la espuma de las olas pero albergan demonios
en las corrientes profundas de su mar particular.

Pero más allá de la crítica al misticismo como herramienta
política, el libro de José Benegas expone las bases de la defensa
de la libertad económica, política y social. De manera que, no solamente remueve las conciencias en un sano ejercicio de limpieza
y recomposición, además es un libro didáctico, apto para quien
no ha abordado lectura o estudio alguno acerca de la libertad.

A lo largo de sus páginas y gracias a la formación tan completa del autor y su habilidad para poner al alcance de todos aquello que no es evidente, o que lo es pero, como la carta del cuento de Edgar Allan Poe, al estar tan a la luz no lo vemos, el lector reconoce las claves, los mensajes y las señas de identidad de nuestra sociedad occidental, con sus luces y sus sombras. Temas como la pobreza o la desigualdad son redefinidos y reconsiderados a la luz de una razón que no hace concesiones a los prejuicios ni a la victimización a la que estamos tan acostumbrados. Pero también se analizan las relaciones humanas sin la hipocresía fraternalista, ni paternalista, que traen más tensión que paz, o la propiedad privada como base irrenunciable de una sociedad en la que impera la ética de la libertad. También hay sitio para mirar desde este particular prisma el modo en que organizamos la sociedad: el control, el autogobierno y, desde luego, el contrato social y la legitimidad del gobierno son expuestos a la luz y desmitificados.

En fin, se trata de un libro necesario y diferente, adecuado para cualquier mente viva e imprescindible como desfibrilador de las conciencias bloqueadas por el sometimiento a una educación y unas rutinas sociales alienantes.

INTRODUCCIÓN

Este es un libro lleno de errores. Es así porque no intento resolver todo lo que aquí trato sino abrir las puertas más allá de lo establecido con la intención de romper cadenas. Como nuestra principal arma de descubrimiento es la razón y la razón necesita probar y analizar aceptando su propia falibilidad, mejor es así. La vida según la visión evolutiva es en definitiva proponer y que la naturaleza seleccione.

De modo que mi decisión al escribir esta obra es aventurarme fuera del permiso, fuera de la autorización, bajando del cielo bíblico pero por propia decisión. Sin ser echado.

El tema es la libertad, tu voluntad, la mía, la de otros. Trataré el tema del «liberalismo» y con eso me referiré al pensamiento que sostiene como valor principal el de la libertad de las personas para decidir qué hacer con su vida y con sus cosas como regla general. Es decir que necesariamente conservar la determinación de las propias acciones como una regla general implica que los demás también gozan de lo mismo y la violación de esta condición queda exenta. Nadie puede arrogarse la libertad de privar a otro de su libertad.

También lo llamaré capitalismo como lo bautizó Marx, porque según él la sociedad como la conocemos se explica por la explotación del capital al trabajo, lo cual es un grueso error refutado hasta el cansancio, pero la palabra adquirió su propio significado. Capital es un bien que sirva para producir otros. Eso requiere inventiva, ahorro y riesgo, que son conceptos muy positivos en lo económico y en lo ético, que a su vez no son más que dos caras de la misma moneda.

Utilizaré el término «socialismo» o «intervencionismo» para referirme a la idea contraria, es decir a la desconfianza a lo que las personas hagan por si mismas sin ser vigiladas.

No voy a ocuparme de manera central del estado, que es la tradicional preocupación del pensamiento liberal. La cuestión aquí es la obediencia en sí y la construcción de mitos que la sostengan y la hagan psicológicamente efectiva. Aquello que está implícito en nuestra cultura que hace que aceptemos obedecer a otros con tanta facilidad.

Los acontecimientos del presente tuvieron una influencia decisiva en el desarrollo de la idea que voy a exponer. Me tocó nacer en la generación en la que el *estado de bienestar* se había hecho indiscutible y se había incorporado como capítulos o materias enteras en el estudio del derecho. Digamos que el ideal político de la república liberal había sufrido ya una mutación y casi todos, salvo una pequeña minoría que fue desplazada de los centros de poder y de la escena académica, lo consideraban positivo. Como si fuera un piso más de una Torre de Babel.

Cuando ese ideal recauchutado entra en crisis allá por el 2008 junto con la multiplicación de los créditos en la Florida al modo divino, ya estaban preparándose otros pisos más. Pero de modo paralelo, algunas repúblicas retocadas se encontraban con formas de despotismo llevados a cabo con procedimientos que habían sido pensados justo para evitar el despotismo. Como un antibiótico que diseminara un virus. «Democracia» y «república» se convirtieron en las palabras favoritas de los cultores del despotismo como antes lo había sido «liberación».

Surgieron algunos regímenes de verdad oscurantistas inventando fantasmas internos y buscando enemigos. Nada claro, no había una doctrina política y económica discutiéndose. Era solo que algunos apologistas de estas situaciones confusas, desde universidades del primer mundo, vendían al «populismo» como una forma de guerra contra algo indeterminado, pero maligno, de lo que no se podía estar a favor a riesgo de ser considerado enemigo.

Burdo, inmensa y desconsoladoramente burdo como un juego para niños. Lo que me sorprendió desde el inicio de semejante brutalidad es lo fácil que prendía. En mi país en particular por la sensación de profundo miedo a la incertidumbre que dejó la crisis del 2001 que se pareció bastante a un ambiente hobbesiano.

Todo esto despertó mi imaginación en cuanto a que nos encontrábamos ante nuevas formas políticas muy cercanas a lo religioso y al ritual, surgidas a partir de la exacerbación del miedo a lo desconocido. Igual que cada vez que hay una crisis del sistema financiero. Lo que domina todo es la sensación de una incertidumbre insoportable y con esa carga emotiva la búsqueda del mal para extirparlo. No de las causas.[1] El «mal» se combate con autoridad «protectora»: el Leviatán.

La crisis en la Argentina había ocurrido con alto gasto público, descontrol de las cuentas fiscales, un gigantesco endeudamiento del Estado, pero como años antes se habían hecho algunas reformas pro-mercado, la religión en nacimiento puso a cargo de la libertad y del pecado que comete el hombre cuando no se lo domestica todos los problemas.

Lo que es peor es que para los que no compartían ese diagnóstico, de igual manera los errores o falencias de esas reformas parciales eran culpables de la decepción de la gente por no haber sido totales y perfectas. Esa observación, completó, digamos, mi nueva perspectiva del problema.

Observaba todo eso y me parecía disparatado: ¿Qué es lo que nos permite juzgar un cambio como positivo?

---

[1] Una buena explicación de cómo surgen las burbujas y los ciclos económicos que siempre recomiendo está en el libro *Dinero, crédito bancario y ciclos económicos*, de Jesús Huerta de Soto, <http://www.jesushuertadesoto.com/libros_espanol/dinero/dinero.pdf>, 5.ª ed., Unión Editorial, Madrid 2011.

Hay cierta arbitrariedad en destacar el papel de algunos personajes históricos tomando lo que hicieron de bueno y dejando de lado sus errores cuando no aportan nada crucial y; por otra parte, condenar con facilidad al que logra algo por un aspecto de su conducta. Pero en el camino hacia la libertad no veo otra cosa que una acumulación de imperfectas y sucesivas experiencias que abren a la sociedad regimentada hacia una mayor flexibilidad. No hay un pasado de gloria, sino pasos dignos de ser festejados.

Empecé a ver por un lado la creciente necesidad de entrar o salir de determinado club de creencias, o de definirse a si mismo como un buen socio a partir de gritar condenas que nos diferencien de otros grupos. Esa es la pastura perfecta para alimentar la manipulación del autoritarismo.

Un punto en común entre los republicanos a la vieja usanza como los Padres Fundadores de los Estados Unidos y los socialdemócratas sigue siendo la esperanza de que la autoridad permanente ponga fin a su propia agenda de preocupaciones. Unos con el ministerio del bienestar social y otros con el ministerio de la defensa de los derechos individuales. No conseguimos ni derechos individuales ni bienestar social, pero el instrumento no se pone en duda. Digo esto en el debate público, porque la discusión sobre para qué se necesita gobierno es muy vieja.

En mi libro anterior *Seamos Libres, apuntes para vivir en libertad* (Unión Editorial, 2013) expuse la idea que más me convence acerca de la justificación de la propiedad, sobre la que volveré más adelante. El punto de partida clásico para explicarla ha sido el presupuesto bíblico de una herencia colectiva de la Tierra, como la expone Locke. En esa visión es la aplicación del trabajo lo que particulariza a la propiedad. De cualquier modo la idea de la Tierra heredada interfiere en nuestro avance hacia la libertad más allá de la propiedad, condiciona el modo en que lidiamos con la incertidumbre. La ficción a la que hemos recurrido culturalmente para soportarla es el cielo. O los cielos, porque cada uno se hace el suyo. El platonismo como el mundo de las ideas puras está incluido como un cielo minorista digamos, pureza a las que tenemos que servir. Servir es el verbo clave aquí. Después vendrá el «cielo estatal» hegeliano.

Así fue que decidí escribir este libro, que es mi explicación de por qué estamos en el punto en el que estamos ahora y cómo deberíamos avanzar. Digo Esto en relación a eso de hacer nuestra voluntad y vivir mejor. Habrá muchos cabos sueltos, sin duda. Me gusta eso, para no correr el riesgo de fundar a esta altura del partido otras religiones, como si no sobraran.

Capítulo I

DEL CIELO VINO EL INFIERNO

Ayn Rand identificaba al misticismo como un enemigo de la ética. Su filosofía llamada objetivismo sostiene la existencia de los valores morales en la realidad comprobable por la razón. Tales valores están vinculados a lo humano, a la supervivencia del hombre en tanto tal, a ningún fin superior. La ética es, así, el código de conductas que permiten la vida del hombre como lo que es. El misticismo como lo ve Rand es una forma de irracionalidad intencional, de renuncia al descubrimiento de las cosas como son, para someterse a un orden trascendente, misterioso e indiscutible, no humano, ajeno. A la obediencia.

La palabra objetivismo tiene que ver con valores que existen con independencia de la voluntad subjetiva, sea del yo o de los otros. Nos explica Rand que la ética tradicionalmente se ha sustentado en el altruismo[1] (con su máximo exponente en Kant), esto es, la noción de que lo ético es lo que quieren los otros y requiere mi sacrificio, por oposición lo que quiera yo mismo y requiera el sacrificio de los demás, lo que sería a su vez otra forma de subjetivismo. El altruismo es otro de los obstáculos que se oponen a la ética objetiva; según Rand, la vara de validación fundada en la renuncia y el desinterés. En el altruismo así definido, el bien del otro es el que autoriza la acción desde el punto de vista ético.

---

[1] Ayn Rand, *La virtud del egoísmo.*

Se trata de dos caras de la misma moneda. Para Rand, los valores existen con independencia de la voluntad y como un descubrimiento que parte del reconocimiento de la existencia, de lo que el hombre es, a lo que aspira y cómo lo consigue. La ética, por lo tanto, no depende de los caprichos ni del grupo ni del individuo. Su respuesta es un egoísmo racional en el que el individuo busca su propia felicidad reconociendo que sus congéneres persiguen lo mismo y son igual de racionales que él. Ella no cree siquiera que la tradición o las costumbres sean la fuente de legitimación de esos valores.[2]

En mis primeras lecturas de Rand, esta desconfianza hacia lo místico me parecía exagerada. Pensaba, como muchos, en ese supuesto orden que nos rodea tan parecido a un diseño; en la coherencia de la existencia y, sobre todo, había heredado el creer sin ver propio del cristianismo que me acompañó hasta hace algunos años. Esa fe es uno de los primeros mensajes que habrá que aceptar para permanecer en el credo: ciertas cosas son ciertas y no se pueden comprobar. En ese paso empecé por enojarme con el que lo sabía todo allí arriba, como muchos otros. Después nada más mastiqué la idea de la soledad de la vida, cuyo vacío se prolonga porque nos aferramos a distintos cuentos sobre lo que hay más allá. Como buscamos su sentido ulterior, parece no haberlo más acá. Ahí es dónde aparece el cargador de iPhone para finiquitar este problema, ya veremos por qué.

Hoy veo aquella fe como una interrupción en el desarrollo de la consciencia, pero cuando Ayn Rand cayó en mis manos, su visión sobre el misticismo me parecía válida solo si se la circuns-

---

[2] Es la visión opuesta a la del imperativo categórico Kantiano que requiere el desinterés para que la acción pueda considerarse moral. Es decir, lo ético está en el sacrificio. En Rand la ética requiere el propio interés, no existe el sacrificio, se trata de perseguir un valor superior. Pero superior no es un estándar que somete al hombre, se trata de una superioridad en sus propios intereses. Se puede sacrificar un valor, como un costo, para conseguir otro. Pero el individuo no solo no se sacrifica, sino que gana.

cribía a la relación entre la religión y el Estado, que se superaba con su estricta separación. Hasta me parecía un tema superado en nuestra modernidad.

Ahora, por haber estado tan cerca del burdo misticismo de ocasión del populismo, entiendo que las deidades, los gobernantes que no vemos, adquieren formas diversas y mutan en cosas como el «bienestar general», el «destino manifiesto», la «pureza racial» o la «hermandad humana»; incluso la «democracia» y siempre con el mismo efecto de justificar el sometimiento y el mando aquí en la Tierra. El poder político y el autoritarismo son pura fe. En su aspecto menos simpático, Dios representa a la prohibición de un modo que se ve muy claro en el control de las drogas. Las fallas o el fracaso de esa política nunca se atribuye a la prohibición en sí, sino a la libertad. La prohibición es hija de la culpa.

Desde mi punto de vista, la ética tiene muchas fuentes, se construye con el ensayo y error; se la revisa, evoluciona, se desvía y se vuelve a encarrilar. La explicación, la consciencia y la descripción de la ética como teoría requiere de la razón que es nuestra única herramienta de conocimiento. No se trata de un mecanismo prodigioso; de hecho la razón aprende más con los errores que con los aciertos, si se guía por un valor moral que es la honestidad. Para David Hume, los sentimientos constituyen el elemento central de la ética. Sin embargo, los sentimientos no explican nada, pueden apenas motivar una conducta, dado que el corazón es un músculo. Para Rand, los sentimientos son el correlato de las ideas y los valores. El origen no me parece tan importante de determinar como el hecho de que la ética es un conocimiento y como tal requiere de la razón. Los sentimientos no la podrán describir.

El debate es arduo y tal vez interminable, pero Rand acierta sin duda en el punto en el que es la razón es el mecanismo que explica las reglas de conducta.

Para justificar o condenar determinadas acciones, no hay otra herramienta que un razonamiento lógico y se necesita un punto de partida. Podemos elegir detenernos en algún límite y sostener que determinada regla debe ser aceptada porque así viene dada, sea por el cielo, por la costumbre, por el consenso, por las sensaciones, por el motivo que sea. Ahí finalizará sin remedio lo que tenemos que decir desde el punto de vista ético y la ética en si como conocimiento. Es el comienzo de la mera irracionalidad (sentimiento) o del mito si adquiere la forma de relato.

El misticismo con carácter de religión compite con la ética como orden que nos trasciende y debe ser obedecida porque demanda disciplina. Si uno piensa cuántas veces la religión ha sido una forma de legitimar a la política es porque vivimos en una era en que la política en sí ha pasado a ser considerada una forma de servicio público real y no místico. Ya no se nos dan órdenes por algún cuento mágico o bajo amenaza, sino para servirnos, como el *delivery* de las pizzas.

Pero mi impresión es que la religión ha sido siempre un instrumento político, un relato que permite justificar el mando y la obediencia, no al cielo, sino a sus representantes en la tierra. Se trata de una referencia aún más poderosa que la invocación ancestral, tal vez incentivada por el deseo del poder mismo de sobreponerse a las tradiciones.

El pensamiento republicano ha hecho un enorme esfuerzo en la separación de la Iglesia y el Estado que a esta altura me parece vano. La religión no solo es política, sino que limitarla a la organización eclesiástica y querer convertir a esta en una mera actividad privada, lo único que consigue es transferir al Estado implícitamente los atributos propios del misticismo explícito, que también reducido a servicio se ha acercado a una forma de autoayuda. Con el inconveniente de que en su novedad, la doctrina mística estatal es nueva y brutal, sin sentirse vigilada ni verse moderada por una larga tradición o un libro sagrado.

Esto sucede por no advertir dónde se encuentra el error. El problema no era el modo de justificar el mando en el más allá. El problema era justificar el mando. No había que separar a la Iglesia del Estado, sino separar al hombre de la obediencia. Grande el trabajo que me he propuesto, ¿no?

La ética intenta responder a la pregunta de qué es bueno hacer. La religión en cambio indaga acerca de qué nos mandan a hacer. La separación de la Iglesia y el Estado nos ha dejado una doctrina secular de la legitimación como un subproducto de los tiempos revolucionarios, un tanto difusa y contradictoria, sin que haya sido revisada a fondo hasta ahora. De todo lo que tenía para llevarse la religión a la vida privada, nos ha dejado lo peor, es decir al poder político; al César.

Si la legitimidad significa el modo en que el mando de unos sobre otros se justifica, la última versión de legitimación es la democrática. Pero la legitimación es la pretendida juridicidad de la relación política y tal cosa solo cierra si hay alguien desde un cielo que nos la impone. O algún otro elemento místico como una supuesta voluntad de la «naturaleza». Así, se consideraba «natural» que algunas personas fueran esclavas de otras. Lo mismo ocurre si concebimos a la política en su etapa secular democrática: puro misticismo.

Una ruptura parcial, pero paradójica se produce con la idea de autogobierno en la Revolución Norteamericana, que intenta sintetizar lo imposible de sintetizar, es decir el mando y la obediencia. Un par no nos puede dar órdenes. Para concebir eso, hay que ponerlo por encima en base a alguna idea falsa. El que obedece no puede legitimar al que manda. Tal cosa no solo es una contradicción en términos, sino que el que obedece podría ponerle fin a su voluntad de obedecer en cualquier momento,[3] lo que dejaría al descubierto que no obedece de verdad.

---

[3] Como ocurre por ejemplo con el contrato de trabajo. En un contrato de este tipo tampoco hay legitimación del mando en tanto tal, es solo un compromiso revocable y a cambio de una contraprestación.

La democracia en ese sentido, aún cuando intenta hacer al hombre protagonista, es nada más que la inversión del modelo de mistificación. El arriba ahora está abajo, pero sigue siendo un modo de establecer que se debe obediencia. Separar a la religión del Estado es algo que no puede hacerse sin fundar otro mito. Con el fin del misticismo debió haber desaparecido la estructura política basada en el mando y obediencia y ser reemplazada por otra de colaboración, pero vino Hegel y entonces apenas se secularizó a Dios en el estado. Otra pureza que se define por la impureza. Un cielo que es la versión negativa de un infierno, lleno de enemigos.

Pero ese punto tan crucial prefiero dejarlo para el final.

CAPÍTULO II

LA TENTACIÓN CELESTIAL

En el libro del Génesis Dios crea el Edén y pone en él a la pareja original, Adán y Eva. Eva insta a Adán a probar el fruto árbol del bien y del mal y este se deja llevar por la invitación, lo que provoca la expulsión del hombre del paraíso. Es el momento que se conoce como la tentación.[1] Precisamente la de adquirir una ética propia.

El mito del paraíso perdido, que está tan presente en nuestra cultura a partir del Génesis, es un gran problema. La tentación perniciosa consiste en realidad en caer en cualquier tipo de idealización en la que lo que tenemos, lo que somos, lo que son los otros, en lugar de ser virtud y punto de partida, sean falta respecto de una construcción imaginaria a la que nos deberíamos parecer. Tal cosa no solo no nos permite vivir, sino que hace de la ética un imposible permanente. El paraíso se transforma en una referencia paralizante más que en un ejemplo.

El paraíso era ese mundo sin privaciones de ningún tipo donde la felicidad era plena, del que habríamos sido expulsados por nuestros deseos que se contraponen con la virtud que nos condena a una insatisfacción artificial.

---

[1] En mi libro *Seamos libres. Apuntes para volver a vivir en libertad*, Unión Editorial, 2013, incluyo un cuento en el que intento justificar la tentación y darle un sentido liberador a partir de la adquisición de la ignorancia epistemológica.

Nuestras faltas, nuestro egoísmo habrían hecho enojar al Dios bueno que nos daba todo servido y como consecuencia de ese enojo, nos explicamos todo lo que no tenemos, que es infinito. Es la culpa, el pecado, la maldad lo que provoca la escasez, nuestro sufrimiento. El hecho de que tengamos predilección por nuestros deseos y no los del creador nos condena. Ese es el germen moral de la obediencia.

Tiene bastante lógica que el paraíso esté relacionado con la muerte. Ahí se supone que volveremos después del juicio final y si cumplimos todos los requisitos. El fin de los esfuerzos es el fin de la vida.

Esa ubicación frente a la realidad nos hace padecer de un modo emocional y personal como despojo lo que de otro modo tomaríamos solo como costos para necesarios alcanzar objetivos; riesgos y simples avatares de la vida que se caracteriza por un permanente empujar.

El perdón que pedimos por ser como somos se supone que podría librarnos de los límites cuando quiera el creador. Resulta así claro que lo que somos es un problema, nuestras tendencias son nuestros enemigas; nuestra vida, nuestro proceso de apropiación una deuda y un daño que le hacemos a la naturaleza o al grupo, la sociedad, el estado, la clase o cualquier otra colectividad. Debemos ponernos freno a nosotros mismos, lo que les ahorra trabajo a los violentos que también quieren que nos apartemos de lo que deseamos, dado que lo desean ellos.

No toda variante de este formato es tan explícita. Una forma moderna de religiosidad paradisíaca muy específica es la ecología en la que la Tierra resulta ser un vergel arruinado por la ambición representada por la palabra «capitalismo». La falta de lluvia llevaba a nuestros antepasados a practicar todo tipo de ritos; hoy puede ser el exceso de lluvia tanto como su falta o la caída de un rayo lo que hará que en un noticiero de televisión o en una nota periodística se vincule todo con el cambio climático ocasionado por las aspiraciones privadas. El hombre vuelve a ser un problema por sus deseos; la naturaleza que estaba en perfecta armonía y sincronizada por fuerzas metafísicas, se enoja y le devuelve grandes cataclismos. Los diarios parten de ese dogma y buscan respuestas en los entrevistados que lo confirmen. La ecología es una fuente a la mano de condenas, de otro modo le interesaría a poca gente y no generaría disputas políticas.

La naturaleza está llena de episodios de altísimo riesgo para la vida humana. Terremotos, huracanes, plagas, rayos. La falta humana como explicación y su solución mediante sacrificios agradables a los dioses responde a formas primitivas de expiación. El hombre debe reprimirse y hay una gran oferta de represores, para que la naturaleza tenga paz. Esto con independencia de que el hombre puede causarse problemas, por supuesto. Pero no solo el hombre empresario; también lo hace el hombre político y el místico. Sin embargo, se ve con claridad la afición a culpar al que hace las cosas por «dinero». Lo que se ha apoderado de la mentalidad ambientalista es por un lado la visión de la naturaleza idílica que todo nos lo da al estilo paradisíaco y el achaque de cualquier fenómeno meteorológico a su enojo con el hombre no ecologista. Quienes se paran en esa posición muy rápido disfrutan de su pedestal de jueces. Todo lo quieren controlar y tienen sus propios cazadores de dragones en misiones heroicas como las de *Greenpeace*, que se lanzan con un bote a intentar detener a un barco petrolero.

El idealismo[2] como perfección, como versión acabada de lo que debe ser, es una forma de paraíso perdido presentado de otra forma. Lo perfecto es la vara de la falta y como nos resulta más fácil verla en los demás que en nosotros mismos, su resultado

---

[2] Cuando hable de «idealismo» en este trabajo no me referiré a ninguna escuela filosófica en particular. Hablo del «ideal» como estándar perfecto y la definición de lo que está mal a partir de la inadecuación respecto de la «perfección».

previsible es la violencia. No se trata de la descripción de lo que se quiere lograr, sino la definición de una pureza que haga que cualquier logro se vea desmerecido o inclusive que los logros sean peor vistos que la ausencia de acción. Eso se traduce en la culpabilidad permanente al que hace, arriesga y consigue avanzar.

El idealismo naturalista del que deriva la culpa humana por existir, es ese vergel que aparentemente el pecado está destruyendo, como enésima versión de la manipulación religiosa. La naturaleza no se enoja con el hombre. Ni siquiera se enoja. Naturaleza como vergel es un completo invento humano. Vivimos en un ambiente de causas y efectos y si cometemos errores, nuestro ambiente empeorará, pero nadie, salvo nosotros, se enojará. Cuando digo nosotros, me refiero a muchos puritanos verdes que agregan frases antihumanas estigmatizantes cada vez que se mojan por una lluvia torrencial y a los gobiernos que combaten al mercado como lo pide el Papa Francisco.

Tan dogmáticamente asociado a la ambición privada está el problema del medio ambiente que se menosprecian acontecimientos desastrosos como Chernobil (responsabilidad del estado soviético) o la contaminación como producto de la falta de propiedad privada. La internalización de los costos de la contaminación es el mecanismo más eficaz para la conservación del ambiente, pero el sesgo moral del ambientalismo en general obtura esa realidad, y prefiere lamentar en una lancha movida con un motor a explosión, la extracción de petróleo en el Ártico como una actividad que destruye lo que era perfecto al estilo del cine fantástico del Hollywood creyente. Si la defensa de las ballenas no sirviera para condenar a ningún ser humano, presumo que no tendría casi quién la llevara a cabo.

La actitud frente al creador que se supone que nos ha traído a este mundo debería despertar sospechas. Aunque no se lo escuche muy seguido y haya un marcado déficit de milagros, se lo deja a salvo de reproches y eso solo se lo puede explicar por su poder ilimitado. Mejor dejarle pasar sus propias faltas y agachar la cabeza ¿Qué tiene este Dios además de su divinidad, que pudiéndolo todo permite que nuestra vida sea a veces tan ingrata? El olvidar sus propias deudas es la única forma de mantener la esperanza de que algunos de los milagros que pedimos nos sean concedidos cuando él quiera. Pero vamos, si se supone que lo puede hacer todo ¿dónde está cuando se lo necesita?

La explicación más a mano será que el libre albedrío que tienen otros hombres pecadores es lo que nos hace infelices o si no, nuestro propio pecado. Sus deudas son convertidas en las nuestras. Ese es el trato habitual que reciben los dictadores por parte de sus cortes de aduladores. Lo que sale mal es por nuestros pecados; lo que sale bien es por su gracia.

En el paraíso están las ideas puras, o las esencias platónicas que solo tipos mejores que nosotros, sin tantos deseos de ser humanos, de querer cosas de humanos, pueden ver.

Por supuesto, el que nos señala los pecados debe ser el que entiende mejor al creador, aquel al que hay que pedirle consejo o aprobación. El que tiene el poder sobre nosotros.

Al cumplir 90 años, le preguntaron al presidente del Estado de Israel Shimon Peres en un programa de TV humorístico, cuáles eran las 10 cosas más importantes que había aprendido en su vida. Enumeró en tercer lugar a la siguiente:

«He conocido a mucha gente de todas partes del mundo y puedo decir que, al final del día, todo el mundo persigue lo mismo: un cargador de iPhone...»

Si bien Peres hablaba en broma, la afirmación contiene algo cierto y por eso nos causa gracia. Una figura política de su relevancia se espera que tenga lecciones épicas que sacar de su contacto con personas de todas partes del mundo, pero parece que todos tienen las mismas pequeñas preocupaciones que nosotros. Esa visión mundana de la vida es de la que la idea del cielo nos aleja y nos invita a despreciar por menor, por indigna.

Parece que hay grandes valores, bellos, estéticos, por los que habría que matar y morir. El bien necesita mucha sangre. El iPhone representa el pecado de desear lo pequeño, algo por lo que no se tomaría nunca una espada. Algo por lo que no hay que matar ni morir, sino vivir y trabajar. No digo vivir para tener un cargador, sino vivir para cosas que a los demás y sobre todo a los profetas y censores les puedan parecer estúpidas.

Hacer nuestra voluntad es una manera de renunciar a la estética de lo que justifique sacar la espada.

En el rezo del Padre Nuestro se repite la frase «hágase tu voluntad así en la Tierra como en el Cielo» que contiene la fórmula del sometimiento. El título de este libro se refiere a la voluntad del lector y a la mía, no a la de la divinidad. Expresa la fórmula de la voluntad individual solo restringida por el respeto a la voluntad ajena, que puede ser seducida, no doblegada.

Presumo que si existiera un creador humanoide que nos hubiera mandado a la Tierra para ver cómo nos desempeñamos, jamás se hubiera develado, ni de manera directa ni indirecta. No solo no estaría interesado en que creyéramos en él, sino que haría lo necesario para conservar su existencia en un absoluto secreto. Si quisiera hacernos «buenos» no hubiera perdido el tiempo, nos hubiera creado de esa manera. En cambio hacernos libres hubiera sido sobre todo hacernos libres de él, para descubrir valores. Un juego que sería inútil por otra parte, pero al menos sería algo más coherente. Que un Dios quiera que conozcamos su poder y a la vez nos haga libres sería un absurdo. Son siempre otros los que quieren que conozcamos ese poder, pero para aprovecharlo ellos. Ningún creador tendría sentido en el modo en que se lo imagina.

Por eso, que el dios que nos gobierna solo puede ser entendido como una creación humana, por la que unos hombres intentan decirnos que lo conocen, que les ha contado cómo debemos ser y en general parece que les ha dicho que tenemos que obedecerlos a ellos. Dios es un producto del idealismo, la explicación antropomórfica de la existencia y un factor de poder.

En lugar de ese paraíso perdido como acto de creación intencional, lo que veo es la vida como una fuerza expansiva. Las células que se abren camino en charcos calientes, el ADN que se combina, que sobrevive. Ese ADN que, a grandes rasgos, forma conjuntos a los que por sus similitudes llamaremos especies. A una especie sola pertenecemos todos los que podemos leer y escribir, pero no somos iguales, ni vamos a desarrollarnos en un único sentido. Descubrimos mediante prueba y error criterios morales como una forma de expansión de nuestra vida más allá de lo físico. Y con nuestro cuerpo y nuestros «memes»[3] morales unos sobreviviremos (o no) para transmitirlos y otros (o nosotros) no lo lograrán y no hay ningún cielo cuidando que algo llamado bien triunfe sobre el mal. Lo único que podemos afirmar es que todo lo que ha contribuido a que en un momento de la larga historia biológica de la Tierra un espermatozoide se haya unido a un óvulo formando nuestros 46 cromosomas, es valioso para nosotros. Ese puede ser el único bien heredado.

Esa situación existencial, sin valores trascendentes pero sí mundanos, inmanentes e indispensables, no nos sumerge en el caos que es como el misticismo nos quiere describir la realidad, que no tiene paraíso ni infierno. Al contrario, el nihilismo no nos serviría de nada y haría inútil nuestra capacidad de juicio, nuestra posibilidad de entender que hay opciones que son mejores que otras y por qué. Nuestra situación mirada con realismo nos coloca ante la oportunidad de ser conscientes y trabajar por el orden mejor posible. Un orden con más cargadores de iPhone y menos guerras, santas o impuras.

---

[3] Meme es un neologismo creado por Richard Dawkins que refiere a una unidad cultural humana análoga al gen. En Internet se utiliza al término para describir conocimientos que se viralizan y difunden a través de la red.

Ayn Rand me ayudó a ver que el misticismo es mucho más que una herramienta para interpretar la realidad. Se trata de una vara a la cual compararla y que la deja siempre en falta. El misticismo es el socialismo de la moral, un método de evasión y una forma de ceder el control.

Que haya un cielo quiere decir que hay una perfección y, al haber perfección, hay imperfección y con ella culpa. Nuestro principal problema pasa a ser la falta, a la que hay que pagar, en lugar del deseo al que hay que satisfacer. Nos concentramos por lo tanto en lo que no tenemos y caemos en el vicio de esperar en lugar de actuar. El cielo perfecto no nos permite pisar para dar otros pasos, estamos siempre en el lamento de lo aún no logrado.

Definir lo que tenemos sobre la base de lo que nos falta no quiere decir pesimismo. Mi crítica no apunta a eso. Lo que propongo no es ver el vaso medio lleno, sino entender que el vaso lleno es una falsa referencia, que no existe, que lo que lo tenemos que pensar es como agregamos algo a lo que hay. No es algo que está y no tenemos, es algo que queremos pero no está.

Para John Locke el fundamento de la propiedad partía de una comunidad universal de bienes que Dios nos había dejado de acuerdo al relato bíblico y la propiedad privada se fundamentaba luego en el hecho de que el hombre aplicara trabajo, sobre todo a la tierra. Esta era su forma sin embargo de defender la propiedad privada, pero dado su punto de partida esa propiedad privada aparecía como un segundo paso después de la Tierra heredada en conjunto.

Como se supone que todos los hombres somos hermanos nuestra suerte está unida. La de Jack el destripador con nosotros. Nos debemos amar porque formamos un único club.

De acuerdo a la idea de la evolución no somos descendientes de los primates, sino de un primate o algunos que se diferenciaron del resto. De una cadena de mutaciones, traiciones si se quiere, a otras tantas hermandades. Si la vida humana es tanto biológica como moral, como supongo, lo que llamamos humanidad es un conjunto muy grande y diverso de proyectos de supervivencia. En ese sentido me declaro no interesado en el de Kim Jong Ung por ejemplo: prefiero a mi perro. La diferencia genética que tengo con mi perro puede ser superior a la que tengo con el miserable tirano de Corea del Norte, pero mi perro y yo apostamos a la paz, al afecto y al respeto. Forma parte de mi propia especie en un sentido ampliado, mucho más que cualquier criminal similar al nombrado.

Pienso por ejemplo en el ancestro común que hayamos tenido con la hormiga en algún punto pasado de la cadena evolutiva. Cómo nos verían a nosotros sus descendientes. A cuáles consideraría parte de su familia, de su especie. Si proyecto eso a futuro ¿qué tan parecidos serán los descendientes de Madonna respecto de los nuestros? No lo podemos saber.

Volvamos al paraíso. La falta, el pecado que nos ha hecho perderlo y nos coloca en esta vida llena cuentas a pagar, de horribles titulares de los periódicos y dolores de cabeza, se supone que nos ha dejado aquí. Pero, aquí en realidad es el lugar desde donde hemos imaginado ese paraíso, aquí es el lugar en el que hacemos ética, sin vigilancia, porque nos conviene, nos hace felices, plenos y potencialmente sobrevivientes del modo en que queremos sobrevivir ¿Pero será eso válido para todos?

Tomo como dato que para Kim Jong Ung, para el Che Guevara y unos cuantos más, no lo será. Ayn Ran diría que todos ellos igual tienen una naturaleza humana y que no están respetando la supremacía de la existencia. A mí, ya ni me importa. Sé que cuando hablo de humanidad, mi idea es opuesta a la de ellos en casi todo, porque mi proyecto de supervivencia responde a otros deseos y valores. El vínculo posible a establecer en este caso es el de la no agresión y esa condición se sostiene en estar prevenido e incluso armado para repeler cualquier ataque. No existe posibilidad alguna de confianza y una hermandad entre quienes no la tienen, no significa nada.

En definitiva, todo termina en decidir adoptar un sistema de supervivencia y tengo muchos motivos para preferir este que elijo y que puedo sostener con argumentación. Esa argumentación es la ética de la que puedo hablar. Pero, que haya un orden por encima al cual pueda referir mis valores para validarlos de modo universal, sea por alguna autoridad suprema o porque están ahí del mismo modo que están las piedras o los árboles, no estoy muy seguro. En cambio, creo que ese es mi propio método de justificar y validar. Su diseminación depende de su fortaleza, de mi fortaleza y la capacidad de defenderlo. No está ahí para ser descubierto; depende de una actividad para expandirse y esa actividad es, en primer lugar, sobrevivir.

Ahora viene la parte menos cómoda de la cuestión. Sobrevivir requiere defenderse del proyecto criminal del mismo modo que de las plagas o las enfermedades. Sin que eso lleve al error de inventar un infierno o un «mal» alegórico metafísico. Hay una enemistad y una agresión que deben ser repelidas, no porque tengamos una autoridad que nos venga dada desde el cielo, sino porque queremos una vida que es biología y deseo, que es valor.

Así planteadas, las cosas están mejor para mí. Se puede ser colectivista, místico, manipulador, mentiroso, asesino serial o cualquier cosa que se quiera ser. Las consecuencias, en cambio, no se pueden evitar (también lo decía Rand), como pasa en cualquier elección. Las consecuencias del cielo son las que me preocupan ahora.

Si hubo paraíso, si nos espera también al final del camino después de obedecer, todo lo que no nos gusta o no nos satisface se interpreta como castigo por lo que no somos. Hasta tenemos un pecado original coherente con la idea de la expulsión. Si existe la perfección, sin remedio somos culpables desde el momento mismo en el que existimos, por no alcanzarla. El sindicado como responsable, sin embargo, no es el creador de la imperfección sino el individuo imperfecto que la carga. Porque lo que importa no es la responsabilidad, sino la deuda. La deuda que es fuente de poder para el acreedor. Una que ni siquiera hemos elegido.

Las tentaciones, es decir lo que queremos, lo que nos hace bien, nos condena. Lo que nos salvaría sería lo que nos falta. Pero lo que nos falta no lo podemos lograr porque somos imperfectos y porque quererlo es pecado. Dios nos ha creado y somos su único producto imperfecto. Raro, pero conveniente.

El problema es que, como el paraíso no existe (si no, que me lo demuestren), lo que queda es una culpa imposible de mitigar. Desde tiempo inmemorial, el ser humano lidia con la culpa que no puede asumir con mecanismos de expiación. Tal es el procedimiento de la tradición judeo-cristiana de depositar los pecados en un chivo que sea apaleado por todos hasta morir con las culpas ajenas. Si el chivo es malo, quienes lo atacan son buenos. El malo por lo tanto es un insumo del bueno. La bondad no tiene que ver con criterios objetivos de benevolencia, sino con acercamiento a la perfección que se consigue haciendo trampa. En lugar de mejorar, se proyecta la culpa y se elimina la pantalla. El mal se inventa, el infierno se convierte en el único indicio de que existe el cielo y quienes lo refuerzan con su imaginación y mediante profecías auto-cumplidas son los partidarios del cielo. Hacemos con el chivo lo mismo que Dios hace con nosotros.

Por suerte nadie hace cosas así por un cargador de iPhone.

Capítulo III

EL INVENTO DE LA POBREZA

La pobreza en el modelo celestial es la diferencia que existe entre lo que deberíamos tener y lo que tenemos. Es defecto, imperfección.

Ni los diccionarios ni los tecnócratas logran definirla sino es mediante una comparación imprecisa respecto de una situación de bienestar, en cuya determinación tampoco aciertan. Pero el problema no es el término, sino los supuestos que encierra el concepto. La pobreza es la imperfección, como dice en una de sus acepciones el diccionario de la Real Academia Española. El defecto ¿respecto de qué?

No hace falta aclarar que es deseable no tener hambre, contar con abrigo, un lugar agradable donde vivir, calefacción en invierno y calefacción en verano. Lo que es muy distinto a todos los efectos éticos, económicos e incluso morales, es definir deseos y presentar como faltas el no satisfacerlos. Eso que forma parte del mecanismo culpabilizador del Edén no solo no nos procura todos aquellos bienes, sino que entorpece el conseguirlos. Sí, en invierno nos viene bien tener guantes y sombrero, pero si por ahora conseguimos los guantes, la historia del paraíso perdido nos hará sentir una pérdida de sombrero en lugar de una ganancia de guantes. En todo caso, no nos pondrá a buscar el sombrero sino que a lo sumo nos conducirá a lamentar no tenerlo.

Nuestra visión de partida por esa herencia cultural, condiciona el modo en que enfrentamos el problema de la no riqueza a la que llamamos pobreza —como si fuera algo existente— en lugar de algo no existente. Lo que existe es la riqueza, la pobreza es lo que no existe.

La primera acepción de la palabra *pobre* en el diccionario de la Real Academia es «necesitado, que no tiene lo necesario para vivir». Pero resulta que todos somos necesitados y nos tenemos que procurar lo necesario para sobrevivir. Toda vida debe sustentarse, requiere alimento y actividad para conseguirlo. El jeque multimillonario tiene los recursos, pero necesita al médico que le opere el apéndice. Los seres humanos colaboramos para subsistir y lograr lo que nos hace falta. «Muy necesitado» podría decir el diccionario y no terminaría de definir tampoco un concepto claro.

Nadie ha conseguido una definición porque se trata de una posición relativa, móvil y sujeta a distintas subjetividades. Los burócratas determinan límites arbitrarios como la «línea de pobreza» con el solo fin de poder exhibir balances, números que informen sobre el resultado de una gestión, lo que permite justificar el dinero que gastan y por lo tanto luchar contra la pobreza de ellos mismos.

En septiembre de 2013 el salario «mínimo, vital y móvil» de la Argentina era de 3.300 pesos. Unos 354 dólares mensuales al valor real de cambio y no al oficial, que figura como un número sin sentido porque no se puede adquirir moneda norteamericana a esa tasa. Nadie que gane el doble de esa cifra deja de ser pobre en un país con precios de la Argentina, aunque la percepción dependa del punto de vista. A pesar de eso, la burocracia necesita establecer una línea y mostrar que el Estado consigue superarla, porque eso justifica el empobrecimiento general que causan los impuestos que se supone se destinarán a terminar con la «pobreza». El nivel de ingresos que se considera satisfactorio para justificar la acción política como correctora del mercado es por cierto paupérrimo, y aún así los niveles reconocidos de esa pobreza siguen siendo altos.

Con el paraíso como punto de comparación nos explicamos lo que no tenemos o lo que no tienen las personas con menores ingresos como una falla en la sociedad. Es más, se lo llama «problema social» y a la actividad de la política de reparto «acción social». Hemos heredado la Tierra todos juntos, pero resulta que vemos diferencias notorias en la facilidad de unas personas para satisfacer sus deseos y las dificultades de otras. En esto también hay pecado bajo la forma de *desigualdad.* A la desigualdad se le llamará injusticia, y ese sentido de justicia parte del hecho de que lo justo sería la igualdad. Después de todo, esta es nuestra tierra y somos parte de una gran familia, deberíamos estar sirviéndonos y nada más.

Hay injusticias por supuesto. Sobre todo de parte de los santurrones, pero no se miden por las necesidades que subsisten sino por los medios aplicados en las acciones llevadas a cabo. Lo más peligroso es medir la «justicia» en relación a la «no pobreza», porque a esa justicia la hará un gobierno y se traducirá en violencia hacia el «no pobre» y todo ocurrirá sin otra cosa que vaguedades conceptuales y morales, haciendo que nadie se ponga a producir el sombrero que nos falta.

Somos seres vitales, absorbemos nutrientes, nos procuramos cosas que comer, abrigo, transporte. Hacemos algo cuando nos golpeamos un dedo. Actuamos todos separados como individuos, concentrados en ese impulso de vivir con todas nuestras limitaciones y a la vez procurando la colaboración ajena.

Si somos pacíficos, colaboramos con los otros más que si no lo somos. Pero ningún ser humano puede sobrevivir solo en conflicto con el resto. Hasta el más agresivo requiere altos volúmenes de acuerdos que tendrá que respetar. El ladrón usa el botín para comprar. El robo de bienes líquidos implica que quién roba lo hace para acceder al mercado. Todas las políticas de distribución compulsiva se realizan con medios y hacia fines que provee el mercado de una u otra manera.

En el flujo de esa creación e intercambio de riqueza los balances son imposibles. Las cosas no valen para todos igual y no lo valen todo el tiempo ni de la misma manera. La riqueza debe hacerse, generarse y, previamente, descubrirse. Los elementos de la naturaleza no son riqueza por sí mismos; una inteligencia debe vincularlos con una aspiración humana. Nuestra riqueza en este momento puede carecer por completo de valor en el instante siguiente o puede no significar nada para otra persona.

La angustia de lo perdido, de aquel paraíso solo nos inquieta porque nos presenta la realidad de la desnudez con la que vinimos al mundo como un problema, cuando la cuestión no es lo que nos falta sino lo que queremos, porque hasta que no lo queremos no nos falta. Necesitamos por el hecho y la aspiración de vivir. Llamar a alguien «necesitado» con un sentido condescendiente, es lo mismo que decirle «ser viviente» pero de un modo en el que pareciera que hubiera algo que lamentar. No se trata de un castigo, es la condición inherente de alimentarnos. No es que nacemos con hambre, sino que nacer es tener hambre. No somos necesitados, sino en el sentido de que queremos vivir y si queremos vivir, la condición es comer, beber y abrigarnos en primer lugar. Pero no somos unos desgraciados expulsados de ninguna parte, sino una maravilla de la existencia. Lo que necesitamos está determinado por nuestro potencial, no por nuestra debilidad.

El misticismo es una droga que adormece el sentido de la vida, nos libra del esfuerzo de respirar y nos tranquiliza con respecto a aquello por lo cual es vital que sigamos inquietos. Los rituales son una respuesta impotente a lo que debemos resolver.

El millonario tiene millones. Puede comprarse muchas cosas y cosas muy caras. Sin embargo, su capacidad de consumo es limitada; lo que usa para sí mismo está sujeto también a la ley de rendimientos decrecientes. La satisfacción que se obtiene con cada unidad adicional de un bien, decae. Lo que el millonario puede y quiere comer es limitado y además está tan sujeto a los problemas en su salud por los excesos, como nosotros. No debemos dudar de que vive mejor que nosotros, pero en un mercado abierto su posibilidad de incrementar esa diferencia no es igual a la diferencia entre nuestros patrimonios y el suyo. No se nos encarecen los sombreros porque él los compre todos; eso no sucede, de manera que no compite con nosotros en su consumo en un grado proporcional a lo que tiene.

En cambio, el millonario administra sí cantidades mayores de bienes que están conectados al mismo flujo que nosotros y seguirá siendo millonario; es decir tendrá muchas menos preocupaciones en materia de consumo, en la medida en que lo haga bien. Hacerlo bien implica que el flujo siga reportándole números positivos y en una sociedad pacífica, eso significa que otros están recibiendo de las acciones del millonario, satisfacciones que han considerado superiores a lo que le han cedido. Cortarle el flujo al millonario se traduce en cortárselo a quienes se relacionan económicamente con él. Su *stock* existe porque no consume todo lo que sus posibilidades económicas permitirían. Esos *stocks* están en los bancos, o en sus inversiones de capital o realizando transacciones donde hay otros interesados, otros beneficiados.

No tenemos idea de si está más, igual o menos contento que nosotros con lo que tiene. Un estudio conducido por el psicólogo Martin Seligman muestra que los ganadores de la lotería experimentan una gran euforia al enterarse del premio, pero al cabo de un año sus niveles de felicidad vuelven a la situación anterior a su enriquecimiento. A la vez individuos que por accidente quedan parapléjicos, en ese mismo período, recuperan sus grado de felicidad anterior al acontecimiento. Sí sabemos, en cambio, que el millonario satisface más deseos, y eso nos indica que genera más riqueza. También sabemos que el parapléjico tiene serias dificultades para desenvolverse. Pero esos datos por sí solos significan poco.

La ventaja de la desigualdad

Una persona que se dedica a abrir puertas de los automóviles está mejor ejerciendo su actividad en un barrio de alto nivel adquisitivo que en uno en el que la gente comparte su propia situación. La gente que escapa de Cuba hacia la Florida va en busca de la ventaja de la desigualdad.

A su vez, una persona, cualquiera sea su nivel adquisitivo, obtiene sus mayores ventajas si está rodeado de otros que estén todos mejor que él. En cambio, si se encuentra en la cima de la pirámide no tiene nada que mejorar.

Por supuesto, se trata de una cuestión de posiciones relativas: no tener nada para ganar por ser multimillonario es mejor que tener todo por delante y vivir en un rancho de un barrio marginal. Esto es evidente, pero mi argumento apunta a desvirtuar que el problema de vivir en un rancho sea la desigualdad. Si nos rodean solo ranchos, habría más igualdad. Pero las posibilidades de salir de ahí serían mucho menores.

El secreto es remover los obstáculos humanos y morales al crecimiento. Uno grande muy grande es el invento de la pobreza como cuestión. También el buscar las carencias en que el otro no las tenga, que en realidad mejor para alcanzar la solución.

Mientras revisaba este trabajo se me ocurrió ponerlo en Facebook de esta manera que a mis amigos les resultó muy gráfica:

> La economía se parece bastante al control de peso. Todo el mundo quiere estar más flaco, no le importa estar igual que el vecino. Para eso, se esfuerza y a veces se deja estar mientras a unos les cuesta más que a otros, pero nadie pierde el tiempo preguntándose si tal cosa es justa porque no tiene sentido. Nadie los ha convencido de que están gordos porque otros están flacos. Nadie trata de tentar al que está en buena forma para que le ponga más dulce de leche a la banana. La relación entre la flacura de unos

y la gordura de otros es la misma que existe entre la riqueza de unos y la pobreza de otros.

Pero sí hay una diferencia. Los flacos no te hacen adelgazar, pero los ricos si te hacen prosperar, si en lugar de tratarlos con resentimiento te das cuenta de que son una oportunidad. Ningún flaco puede hacer que por no tentarse él con el helado pierdas peso vos. Pero en la economía cada éxito ajeno implica bajar costos y acceder a cosas a las que no se podía acceder antes.

Si alguien me recordara ahora que, de cualquier manera existe el problema de gente que carece de muchas más cosas que nosotros, un fenómeno que nos impacta emocionalmente porque nos podemos imaginar en esa situación. Entonces diría que es un gran avance ya el hecho de llamarlo «problema» y no «pecado».

Hay tres problemas en realidad. Uno, el nuestro al ser testigos de una posición en la que no queremos estar. Nuestra compasión es un problema. Otro problema es la propia composición de lugar de las personas que observamos. Y el tercero es la necesidad de viviendas, ropa, alimentos que nos resulta muy fácil diagnosticar, pero cuya producción y distribución requiere acción, inventiva y riesgos humanos. A ese requisito se lo evade mirando al cielo, que no trae ninguna de esas cosas, pero sirve para tranquilizar nuestros espíritus por una vía que agrava el tercer problema, que es la caza de brujas que se realiza con el representante celestial: la violencia organizada del gobierno. El «pobre» entonces se convierte en un insumo psicológico del que se compadece, que hasta ahora se creía el más bueno de todos. Mi plan es denunciarlo.

En tanto la satisfacción de necesidades requiere actividad, la violencia lo que hace es ampliar los márgenes de insatisfacción. Le llamamos pobreza a la marginalidad y la marginalidad como una valla infranqueable, no es producto de ningún cataclismo sino de la violencia. Ese es el único obstáculo moral real para que las personas consigan lo que requieren para vivir. La violencia es costo, el costo deja fuera a las actividades menos productivas y a la gente menos productiva.

Si miramos al paraíso para compararlo con la realidad y después inventamos la pobreza, el producto de esa composición de lugar será la búsqueda de los culpables, que serán los que hacen. De eso, no puede derivar otra cosa que el aumento de la insatisfacción empezando por los márgenes.

La invención del «pobre» condiciona a los sistemas políticos democráticos a convertirse en «ovejistas». Se legitiman en sostener la debilidad del «soberano» que lleva a la fortaleza benevolente del despotismo. El pobre es el desvalido, un «desposeído» (respecto de lo que Dios le dio), por lo tanto no solo no manda sino que está bajo el ala del protector. Definir al pobre es definir al esclavo. El sistema político entonces pasa a tener dos categorías de esclavos que, en realidad, son una sola: el pobre y el rico. El primero un pobrecito, por lo tanto un dependiente, el segundo un culpable, por lo tanto un burro de carga. Esa es mi denuncia.

Si observamos con *Google Earth* un barrio de gente que vive bien, con sus piletas y antenas satelitales, bien arbolado y con veredas en perfectas condiciones y al lado, otro de casillas de madera con la disposición de cualquier barrio marginal, hacinado y evidentemente pobre, la forma en que definamos las relaciones existentes, depende en gran medida del mito del paraíso perdido. Unos verán una injusticia, una distribución de la riqueza injusta, una desigualdad como problema moral. Estos partirán del supuesto de que lo que tienen en el barrio bien provisto es consecuencia de que sus vecinos han sido de alguna manera despojados. Todos son hermanos, comparten la tierra y fueron expulsados igualmente por querer obrar en su propio beneficio en lugar de estar disponibles a someterse a un deseo superior. Pero resulta que el pecado fue mucho más provechoso para unos que para otros. Los que se explican el fenómeno de esa manera difundirán un mensaje que hará sentir culpables a los que están mejor y resentidos a los que están peor.

Otros encontrarán que en el barrio que está en mejores condiciones han descubierto la forma de proveerse de mejor manera, lo han hecho con mayor eficacia y de alguna forma tienen que ser imitados. Si resultara que su ventaja fuera imposible de reproducir, los verían como una oportunidad para el intercambio, para tener lo que por propias habilidades les resulta imposible (todos somos pobres respecto de las habilidades para hacer casi todo lo que consumimos). Sabrían que si al lado del barrio más pobre hubiera otro igual o menos agraciado aún, su situación no sería mejor, sino peor. El mensaje que enviarán estos será de emulación y de búsqueda de oportunidades.

Adam Smith perteneció a ese segundo grupo; por eso su libro intenta explicar la riqueza, no la pobreza, por más que hubiera cometido un error tan fatal en la explicación del valor que ha dado a los teóricos del primer grupo la excusa para explicarse las dificultades a partir del resentimiento. Marx, como el gran teórico de ese primer grupo, pretende encontrar el mecanismo de la extracción de los ricos hacia los pobres, mediante la explotación. Pero esa teoría fue refutada en vida del propio Marx. Las nuevas formas de resentimiento teórico que partían de haber encontrado la gran racionalidad de las cosas en la dialéctica lucha de clases, se han quedado sin nada más que el mito del paraíso perdido, el que no explicitan, pero en el que están metidos hasta la médula.

Las teorías del mercado y de la vida privada son teorías de explicación de la creación de la riqueza y sus mecanismos y condiciones. Las teorías anti-mercado son apelaciones morales basadas en fantasías y definen a la economía a partir de la pobreza como una injusticia, habiendo renunciado desde la muerte teórica del marxismo a cualquier otra explicación del supuesto proceso de explotación que no sea el sentimiento de disminución que resulta de definir la pobreza como un castigo.

El pobrismo es un «cainismo», podría decirse. Caín (el primer izquierdista de la historia) mató a su hermano Abel porque Abel era el que hacía todo bien, el favorito de sus padres Adán y Eva que habían sido expulsados del paraíso. Pero el pobre Caín fue engañado, y por eso se explicó la virtud de su hermano como una carencia propia. Perpetrado su acto, no se vio más favorecido sino menos. El «no tener» en este mundo, tomado como un castigo y la sensación de que el castigo le estaba tocando en mayor medida, lo condenó a la envidia. Si hubiera asumido su realidad existencial sin esa metodología, habría imitado a su hermano, habría intentado aprender de él, intercambiar con él y no se hubiera sentido despojado.

Capítulo IV

VIDA PRIVADA

Nuestra subsistencia por supuesto no solo no está escrita sino que sabemos que vamos a morir. No sabemos cuando y en parte; depende de lo que hagamos. Como especie en tanto tengamos las respuestas adecuadas a las circunstancias que se oponen a nuestra subsistencia y actuemos en consecuencia, permaneceremos en la Tierra. El misticismo ofrece un paliativo para aplacar la angustia que eso significa, aunque por suerte siempre al lado del tótem se piensa en soluciones terrenales a sus problemas.

El poder como dominación organizada, como gobierno, recurre a elementos mágicos, invoca predestinaciones, unciones y vende ilusiones. El mando no es puro ejercicio de la fuerza bruta. Eso sería de corto alcance, como el asalto callejero. La permanencia del mando y del sometimiento necesita una doctrina y eso ha sido el misticismo a lo largo de la historia.

La angustia existencial ante la muerte se refuerza con la invocación de fantasmas terrenales. Sean los enemigos externos, sean los enemigos internos, las conspiraciones y las insatisfacciones. Si hay una perfección, la realidad (no le agrego el apelativo «imperfecta» para no alimentar la confusión) es un mal y como tal tiene que ser combatida.

Sin embargo, la vida privada siempre existe. No puede haber parásitos sin cuerpos de los cuales extraer los recursos. El cambio más importante del mundo moderno al que se llama capitalista, es el descubrimiento y estudio de esa realidad no mística, no heroica en su sentido clásico, no épica, que es la vida privada y la teoría explicativa liberal.

Durante el reinado del emperador Zhao la dinastía Hang y su regente Huo Guang, en lo que hoy se conoce como China, hubo un gran debate entre los teóricos confucianos del Partido Reformista y la burocracia imperial del Partido Modernista. Los primeros abogaban por el fin del exacerbado estatismo y los monopolios de la sal, el hierro y el alcohol establecidos por el predecesor Wu, que producían efectos de poca utilidad práctica para el hombre común. Los segundos sostenían esas políticas basados en su utilidad para el esfuerzo bélico. Lo curioso de esta discusión entre letrados confucianos y burócratas estatistas, es que los primeros defendían al sector privado basados en que el sistema imperial monopólico y centralmente planificado sometía a la población a los vicios del lucro y eso se oponía a su ideal que era la mera subsistencia.

La riqueza es un concepto subjetivo, por lo tanto el problema es el sometimiento.

El cambio consiste, en realidad, en descubrir la vida privada como objeto de estudio y defensa en tanto tal, que es la vida de los que no forman parte del poder, como el fenómeno de la colaboración que se impone por encima del uso de la fuerza.

Rubén Zorrilla explicaba el desarrollo de la *Sociedad de alta complejidad* (título de uno de su libros que aludía al capitalismo), a partir de la aparición de la economía monetaria, la gran reducción de costos de transacción. La moneda logró, enseñaba Zorrilla, que emergiera una economía con la fortaleza suficiente para sobreponerse a los despotismos. A esta forma de interacción sería Marx el que la titularía «capitalismo», que nació con el pecado original de ser protagonizada por «cualquiera». Burgueses, gente que quiere cargadores de iPhone.

Esa irrupción del mercado que derribó estructuras políticas anquilosadas permitió ver al mundo sin autoridad compulsiva, sin combate al pecado como el mal que enoja a los dioses. Friedrich

Hayek (1889-1992) lo describió como el orden espontáneo, el gran panorama de individuos que interactúan creando cosas como el idioma, el derecho o la economía, sin que ninguno de ellos esté pensando en algo parecido a un «producto social». Una economía sin cielo, con mucha cosa que para los idealistas parece ordinaria y sin ningún tipo de romanticismo implícito. Antes que él, Adam Smith (1723-1790) describiría el fenómeno como una «mano invisible».

Smith elaboró una teoría del valor de las mercancías en relación al trabajo invertido en ellas —en la que se basaría Marx luego— para concluir que el empresario era un «explotador» parásito que se quedaba con la diferencia (plusvalía) entre el trabajo de sus empleados y el precio al que vendía los productos. Un enorme equívoco con el que Marx llevó la idea de la pobreza como pecado a la categoría de ciencia que estudia la lucha dialéctica de las clases, y cuyas derivaciones continúan produciendo efectos nefastos hasta nuestros días. Toda la teoría marxista cae sin remedio, por el hecho de que el valor no tiene nada que ver con el trabajo que se pone en él, sino que es subjetivo y varía de acuerdo con la disponibilidad que exista del bien en particular.

El marxismo es la excusa para volver a la danza de la lluvia, a explicar lo que no se tiene en base al pecado, al mal; en este caso de los empresarios.

A su vez, la metáfora de la «mano invisible» recurre a un lenguaje místico para explicar un fenómeno natural. La razón para que Smith hable del fenómeno de la interacción y el orden espontáneo en esos términos, es que lo hace en un mundo dominado por los paradigmas de ese mismo tipo; a diferencia de Hayek, que lo expone sin fantasía. Después esa metáfora de Smith sería utilizada para descalificar la idea subyacente como si fuera mística en si misma y pretendiera ser una explicación real. Los místicos del Estado, amenazados por esas ideas intentarán demostrar que, como la mano invisible no existe, lo que debe haber es una visible, porque no conciben la sociedad sin autoridad central.

El paraíso es el lugar mitológico donde hay una voluntad bondadosa que provee. Una creación ilusoria que parece alejarnos de una angustiosa incertidumbre. Nos permite descansar del miedo, con nuestra ignorancia. El mundo se sostiene en los hombros de un gran legislador cuya preocupación somos nosotros.

Así como Adam Smith en su metáfora mezcla el lenguaje místico en la observación de un fenómeno que no lo es, el pensamiento científico describe las regularidades naturales como «leyes». Se sigue pensando en las condiciones de la vida como algo decretado, el punto de unión entre la política y la religión. Ya deberíamos abandonar la expresión «leyes naturales» y reemplazarla por el término «regularidades» como descripciones provisorias y probablemente incompletas. No hay leyes en la naturaleza, sino que hay regularidades según las logramos describir hasta el momento de que las describamos aún mejor o que se muevan. No hay mano invisible detrás del orden espontáneo; es el fruto de la ausencia de toda mano.

A la observación de ese fenómeno de la vida privada con todas sus consecuencias, y a la adhesión a lo que implica en términos de derribar la justificación de la compulsión o el mando de unos sobre otros, le llamamos liberalismo en la tradición continental. La libertad individual como teoría, como ética. No es otro credo, es el fin de los credos y su reemplazo por la acción libre solo determinada por los deseos y la experiencia, los costos y los beneficios. La observación del hombre por lo que es.

El cielo, sin embargo, vuelve de muchas formas. El socialismo es una de ellas. Con Marx encontró su justificación económica, y él les proveyó unos pecadores. Quienes se aferran a él, ven al mercado y a sus defensores como unos salvajes, pecadores que rechazan los beneficios del socialismo (que elimina la escasez) porque aman las insatisfacciones. Incluso en su versión apenas intervencionista, que consiste en que los que no hacen nada (políticos) culpen a los que hacen algo (empresarios) por no hacer todo.

Es como una posición sacerdotal. Allá esta el paraíso. Los productores de manzanas no han conseguido que todos tengan manzanas; ergo, los productores de manzanas deben ser castigados. Pero esto no es todo; se los castigará no porque sean malas las manzanas, sino para que haya para todos. Imposible caer en un contrasentido mayor.

El que actúa en el mercado no está consiguiendo el paraíso que el socialismo nos vende como posible aquí en la tierra. No interesa que la empresa exhiba una producción, incluso los beneficios que reciben todos los que colaboran en el proceso, se la juzga por lo que no da. Los socialistas se juzgan a si mismos por lo que pretenden de las empresas. Ellos son profetas, los demás somos pecadores. Su trabajo consiste en encontrar el mal en nosotros, para acusarnos de estar conspirando contra todos aquellos a los que les falta algo. Esa es la «pobreza» en nuestro formato cultural. La culpa de los que no son pobres.

El liberalismo mismo es juzgado en relación al paraíso. La explicación que se le pide a los liberales es como harán para que todo el mundo tenga todo, entonces la descripción de cómo se consiguen las cosas aparece como mezquina, insuficiente y hasta ilusoria ¿Cómo tendrán salud todas las personas? Pues habrá que trabajar, estudiar, distribuir médicos y equipos. Eso se consigue respetando a los participantes en todo el proceso. Es necesario que la gente goce de derechos de propiedad para que se mueva por si misma y obtenga beneficios de hacerlo. ¿Beneficios? ¿Beneficios de tratar con la salud de las personas? Ahí aparece el juicio moral, paradisíacamente justificado, para endilgarle al liberalismo el problema de las condiciones de la existencia; esto es, la escasez.

Para los socialistas, el liberalismo tiene que demostrar que es capaz de construir un paraíso en la tierra; de otro modo será malo, aliado de los explotadores y de los que crean la escasez para hacernos sufrir.

Los empresarios, por supuesto, no crean la escasez; luchan contra ella, al contrario de los socialistas, que hacen moralina y no producen nada. Por eso es que con su reparto de culpas, en lugar de fomentar la producción, la hacen desaparecer; por lo tanto, los niveles de escasez en el socialismo aumentan de modo exponencial, llevan a la población a la angustia y a la hambruna como está ampliamente demostrado.

¿Por qué no desaparece? Porque siguen explicándose desde todas las teorías conspirativas posibles (demonios) los problemas que tienen y en nuestra memoria genética la adscripción al mito ha permitido a los cobardes sobrevivir en una historia de la humanidad plagada de déspotas. Pero sobre todo porque habla de ellos. El cielo dice que sus partidarios son buenos, aunque sus frutos sean un verdadero infierno. Renunciar a la explicación viciada por sus resultados, equivale a dejar la única razón que tienen para considerarse buenos: su propia demagogia.

El socialismo es una explicación sobre el mal, no una teoría sobre la sociedad y la economía. Explicación que no es sino una derivación de la idea del paraíso perdido.

Nos encontramos con que los legisladores de todos los países que fueron alguna vez *capitalistas*, se la pasan reprochando al mercado lo que «no hace»; al empresario el nivel de sueldos que no paga; al seguro los riesgos que no cubre; a los constructores, los hospitales que no han terminado. Los legisladores, por supuesto, no hacen nada más que dar órdenes. La persona que plantó los tomates que no alcanzan para todos desplegó una gran actividad y corrió una cantidad de riesgos para ponerlos a la venta. Pero el intervencionista lo carga con la culpa por los tomates que no hay.

De cualquier manera, no es tan fácil que se reconozca el carácter religioso de esta perspectiva de reclamos. De hecho, a lo que acabo de describir en el párrafo anterior le llaman «falla del mercado» (pecado de los que hacen por lo que no está hecho, del que solo están exentos los que no haciendo nada, los acusan) y tal cosa forma parte de todos los libros de «ciencia» económica del *mainstream*, que es otro sinónimo de misticismo consensual, colusivo.

Durante la década del 80, Margaret Thacher comenzó a reformar la economía de Inglaterra cambiando el rumbo socializante que había tomado, con privatizaciones y desregulaciones. Con eso, impidió la decadencia definitiva del Reino Unido. Quitó regulaciones y privatizó British Aerospace, British Gas, British Telecom, British Airways, Rolls-Royce y Jaguar con una metodología que llamó «capitalismo popular». Para tornar viable su política, interesaba a los propios empleados haciéndolos en parte dueños del negocio. Fue una forma política eficaz para mostrar que defender al mercado no tiene que ver con defender posiciones de los ricos, que es como los socialistas quieren verlo. Establecer derecho de propiedad es el secreto, no que determinadas personas sean las propietarias.

Durante esa década y la posterior, muchos países imitaron con mayor o menor rigor políticas similares en un intento de volver atrás décadas anteriores de expansión del Estado (que ocurrieron) después de las dos grandes guerras. Aquella fue la era de las «privatizaciones».

Era el tipo de programa político liberal presente en el debate público en aquel contexto de economías mixtas. Vender empresas públicas o liquidarlas es siempre positivo, porque la producción no puede manejarse en términos autoritarios. Quitar regulaciones a las actividades lícitas es importantísimo, y no voy abundar acá sobre esto.

Visto en retrospectiva, podemos decir que el diagnóstico del problema era limitado. Lo que no se resolvió nunca ni se resuelve aún, es la mistificación del poder. El aparato de gobierno convertido en proveedor y protector omnímodo no fue desmantelado.

Es más, el típico slogan de campaña de un partido político que quisiera llevar adelante reformas liberales, consistía en decir que el Estado debía dejar de dedicarse a los negocios que debían ser privados y así podría derivar los recursos liberados a mejorar la educación, la salud y la justicia. A lo sumo, se argumentaba en base a criterios de eficiencia, lo que el Estado hacía o no hacía bien.

El estado no era bueno para los «negocios»; el mercado si. Pero la legitimidad de la actuación estatal no era un eje central en la argumentación, ni tampoco había consciencia acerca de que el estado es simple poder, dominación. El problema es que la idea de que el protector omnímodo era un dominador tampoco encajaba con la doctrina republicana liberal clásica, según la cual el poder es un aliado, incluso un mandatario.

De cualquier manera, no hago este comentario desde cielo alguno como un relato de pecados cometidos. Solo quiero describir la perspectiva del momento, ya que entonces todavía parecía posible volver a la era dorada pre-estatista con ese ajuste privatizador. Al avance del Estado se lo veía como una tendencia que podía revertirse y no como un error ínsito en la concepción misma de la legalidad del aparato político, que intentaré explicar.

El problema, en realidad incluso de la estatización, era el peso propio de que se constituyera y legitimara el poder y se esperara que, con la mera declaración de derechos renunciara ese aparato construido para a aprovecharse del monopolio de la fuerza que le era concedido. Una vez que el protector está justificado, tiene los recursos y la razón legitimada para recaudarlos, se convierte —sí o sí— en una amenaza, por más que se refuerce el ingenio en la redacción de declaraciones de derechos. El incentivo es más importante que el argumento.[1]

---

[1] Desarrollo la idea de la inexistencia de legitimidad original en *Seamos libres, apuntes para volver a vivir en libertad*, Unión Editorial, 2013.

Sin embargo, de aquel período me parece importante rescatar la palabra privatización; lo que no haría es limitarla al aparato productivo. Porque de alguna manera, significa asociar producción a la privación de violencia, a la ausencia de política y de la injerencia del monopolio de la fuerza. Lo importante es que el sector privado gane espacio; de eso debe tratarse en concreto cualquier esfuerzo político liberalizador.

El liberalismo sin cielo es apenas y nada menos que la explicación de la vida privada. Primero su descubrimiento como fenómeno, el estudio de sus regularidades y de sus condiciones de existencia. En última instancia, el liberalismo es la defensa de esa vida humana en paz, una vez que cae la ilusión de la protección de los legisladores del más allá y del más acá. En esta última tarea, en defensa de la vida privada, se ha dado el desarrollo de ideas políticas cuyo propósito es su preservación contra el uso de la fuerza, sea organizada en un gobierno o dispersa en criminales callejeros. De ahí vienen nociones diferentes sobre el gobierno, que llegan en algunos casos a postular su desaparición como el anarco-capitalismo o el anarco-socialismo, que es producto del malentendido de Adam Smith[2] sobre la teoría del valor; en otros casos, a pensar en formas de limitarlo.

En Inglaterra la nobleza le extrae prerrogativas a Juan Sin Tierra en la Carta Magna en el año 1215. El proceso constitucional inglés se caracteriza por un desmembramiento de los poderes reales. En otros casos, estatutos políticos crean Estados nuevos aclarando el origen popular del poder y dando un amplio margen de acción al sector privado, que carece de poder, con mecanismos para limitar al gobierno, como por ejemplo la división de los poderes. En Estados Unidos, se da el gran paso histórico en

---

[2] Para una explicación amplia sobre las teorías del valor y sus consecuencias léase Cachanosky, Juan C., «Historia de las teorías del valor y del precio», *Libertas*, mayo de 1994, <http://www.eseade.edu.ar/files/Libertas/25_4_Cachanosky.pdf>.

la filosofía política hacia la libertad con la declaración de independencia del 4 de Julio de 1776. El gobierno se entiende como la consecuencia del consentimiento; es decir, el gobierno tiene, en esa tradición el carácter de pacífico, de organización política no ofensiva hacia los individuos. Con la formación del Estado Federal, que los Antifederalistas denunciaron con pasión, aquel episodio comienza a torcer su rumbo hacia una interpretación colectivista de democracia que dura hacia nuestros días.

La vida privada se consolida en las instituciones políticas a través de la puja con el poder. El liberalismo se manifiesta en los pesos y contrapesos de los poderes en Montesquieu; en el principio de representación como fuente de los impuestos, en las garantías a la propiedad privada, la libertad de comercio y en distintas maneras de evitar la arbitrariedad. Ninguna de las cuales, pese a que las ponemos en el arcón de los recuerdos como hitos, fueron exhaustivas.

También se estableció la separación entre la Iglesia y el Estado. Se consideraba peligroso juntar un «poder terrenal» con otro «supraterrenal». Todo conduce a la «privatización» de la sociedad, a la apertura a los procesos espontáneos.

Se produce con estos procesos un cambio social mayúsculo, con la irrupción de la vida privada como lo más importante de la sociedad. Los relatos épicos son reemplazados por las novelas y el mundo entra en un período de paz y prosperidad como jamás había conocido. Así empezó el cambio que condujo al cable del iPhone y un camino que de algún modo habrá que retomar.

Capítulo V

NO SOMOS HERMANOS

> Mas vosotros no queráis ser llamados Rabbí;
> porque uno es vuestro Maestro, el Cristo; y
> todos vosotros sois hermanos.
>
> Mateo 23: 8

No, este capítulo no es ni mucho menos una invitación a la hostilidad entre los seres humanos. Es, en realidad todo lo contrario en realidad: la libertad es la condición de las buenas relaciones entre seres racionales, mientras las ataduras impuestas son un obstáculo. Aquello de que hay una hermandad humana y por tanto que las diferencias morales son relativas a una cierta genética, es un problema a resolver.

Imagino el tabú quebrado por el individuo alejándose de la tribu en busca de su propia fortuna, cansado de que su habilidad para cazar no sea reconocida y cuál pudo haber sido el sentimiento que su pretensión de independencia, poniendo en duda la regla de la igualdad, despertara en los otros miembros del grupo. En esa primitiva sociedad, cazar había sido una tarea grupal; el reparto de la presa entre los participantes podría haber dejado insatisfecho a algunos que entendieran haber contribuido más al éxito de la empresa que los demás. Pero en algún momento, la justicia le ganó a la igualdad y la humanidad maduró hacia otro estadio. De aquella situación, especulaba Hayek que podría venir lo que denominó el atavismo de la justicia social.[1]

---

[1] Hayek, Friedrich A., *Democracia, justicia y socialismo*, Unión Editorial, Madrid, 1977, pp. 35-59.

¿Cuál es en mayor medida la piedra fundamental de la ética social: la igualdad o la justicia? Hay que elegir; no tenemos por qué pensar que está escrito, pero hasta cuando pensamos en este dilema, lo hacemos como si tuviéramos que encontrar la respuesta superior para todos. Estos dos principios han convivido en la filosofía como equivalentes o complementarios. Justicia consiste en «dar a cada uno lo suyo». Sigue el criterio del mérito, de la legitimidad, de la adscripción a la regla general que en si misma beneficia o perjudica sin mirar a quién. Igualdad es la consagración de la idea de que nadie puede destacarse mucho más que el resto ni estar mucho peor que el resto; sería un «dar a cada uno lo mismo».

Existe a nivel mundial un índice elaborado por Conrado Gini que lleva su nombre y que mide la desigualdad de los ingresos en una sociedad. Cuando se mide algo es porque primero se asume que interesa. Si nos pusiéramos a medir la igualdad de goles entre distintos equipos de fútbol los aficionados al deporte nos mirarían con cierto asombro, porque no significaría nada importante. De eso se trata el deporte, de que unos se destaquen sobre otros y la competencia no solo no está vedada sino es el elemento más importante del juego. La desigualdad del índice Gini define un problema en el lugar equivocado.

En el deporte se establecen criterios tales como la edad de los participantes de los equipos, a veces incluso se establecen determinadas ventajas o hándicaps en función de establecer una competencia que valga la pena jugar o mirar como espectáculo. Esa igualación está en función de un juego.

La sociedad tiene muchas diferencias con ese esquema deportivo. En primer lugar, en la sociedad las personas que logran mayores ingresos no compiten con las que tienen menores ingresos, si es que no existen privilegios ni violaciones de derechos. El índice Gini del deporte aquí estaría midiendo la diferencia de goles entre un defensores y delanteros.

El ingreso de una persona en una sociedad de acuerdos voluntarios depende de cuánto haya servido a otros, no de cuánto les haya sacado. Eso es algo que solo hace el gobierno. No hay un índice, sin embargo, que mida la diferencia entre la recaudación fiscal y el ingreso promedio, o más útil aún, del de la capa de menores ingresos que preocupa al índice Gini. Si no se mide la justicia de las relaciones, el acceso que tiene todo el mundo a participar en el sistema económico, las posibles barreras reglamentarias, los privilegios o cualquier injusticia en las reglas de juego, mirar el resultado carece de interés. No es igual ganar un partido, con la salvedad que acabo de hacer, de modo limpio, que quebrantando las reglas. El resultado no tiene el mismo valor, la diferencia de esos goles en una sociedad no sería problema en un ambiente de justicia, sino que sería una buena noticia hasta para los que hacen menor cantidad de goles.

En segundo lugar, la competencia que se da entre quienes practican una misma actividad por conseguir el favor del consumidor no es un fin, ni su utilidad consiste en servir de espectáculo, sino de selección de la mejor opción a juicio de quienes eligen.

Volveré sobre la cuestión de los ricos y los pobres más adelante. Solo interesa destacar ahora que existe una relación entre la igualdad y la suposición de que estamos unidos en una empresa común como una hermandad humana. Un vínculo moral incondicional que nos obliga a los unos con los otros, con independencia de cuestiones de mérito o la similitud o diferencia de los valores que sostengamos y las acciones que llevemos a cabo.

Se asume un criterio de validez hasta de lo que tenemos, como si proviniera de una jerarquía, de un poder santificador o ideal supremo. Suponemos un destino común, un gran debate humano sobre las condiciones de su subsistencia, en el que el hombre busca la respuesta que lo está esperando. Pensamos en esa humanidad como una sola cosa.

A diferencia de esa suposición, veo a la ética igual que al lenguaje o al derecho privado (el que nace de los contratos y la solución de los conflictos, no de las decisiones políticas), como el resultado de múltiples experiencias poco trascendentes, de enseñanzas obtenidas de los errores, corregidas, editadas, vueltas a probar que, sumadas todas, son una gran obra. Sus caminos se bifurcan, aparecen ramas que compiten y se contrastan; algunas éticas desaparecen, otras persisten. Cada uno de nosotros es colaborador en el proceso de construir sistemas éticos. No tanto por obra de grandes gurúes sino por gente común que opera en la realidad y se da porrazos todos los días. Después estarán los que saben sintetizar en algunas reglas las conclusiones, los que son capaces de defenderlas y darles una razón, los que integran a la ética como materia de estudio.

Esto no implica que no podamos hacer juicios de valor, incluso sobre cuál ética es válida. Pero la justificación no se encontrará más allá de sí misma y de la realidad. Esa es la diferencia entre la ética y la religión. En la segunda existe, en mayor o menor medida dependiendo de que tan abierta sea, un rasgo de autoridad y cosas que deben aceptarse sin pensarse ni discutirse.

Como la acción humana tiene un propósito y el individuo se autorregula, la vida humana va más allá del proyecto de sus 23 pares de cromosomas. En los genes se transmite parte de la herencia; en las reglas de conducta —que pasan de una generación a la otra, ratificadas o no por los herederos— está el resto de lo que somos.

En tanto pensamos en el paraíso perdido, también fortalecemos la idea de ser la especie a la cual la Tierra se le ha confiado como un todo, pero más que «una cosa» somos un tipo biológico de la evolución. Nuestros antepasados comunes son los que tuvieron la habilidad o la suerte de sobrevivir, pero tampoco fueron hermanos de los que perecieron sin dejar descendencia. No fue el amor a la humanidad lo que nos trajo hasta aquí; en todo caso hubo una buena cuota de amor propio y amor por algunos pocos humanos conocidos.

Sin hogueras a la vista, es hora de proclamar esta herejía. No somos hermanos de nuestros vecinos, ni de los compañeros de escuela, ni de un señor en China que en este momento está mirando televisión. A veces no somos siquiera hermanos de nuestros hermanos y nuestros verdaderos vínculos (familiares o no), son morales.

El vínculo que importa entre las personas no es nada más el genético, sino el que surge de elegirse, el de las escalas, el de la (va otra herejía) discriminación. Con nuestra supervivencia sobreviven nuestros valores. Y eso con lo que nos identificamos es parte de la especie, no toda.

Los terremotos que ocurren en lugares lejanos nos causan estupor pero nos afectan muy poco y cuando pasan cosas menos espectaculares, ni siquiera nos enteramos. Ni estamos en condiciones de conocer los pesares de la mayoría de las personas que conocemos. Y cuando por obra de algún noticiero que se ha quedado sin noticias más atractivas, nos enteramos de que en una ciudad del otro lado del mundo chocó un tren, no nos importa tanto como la enfermedad de nuestro canario. Esto es simplemente un dato.

Nos odiarían por decirlo en voz alta muchos a los que tampoco les importaría el tren de aquella ciudad, pero la verdad es que sienten el gusto de manejar a su voluntad a los demás poniéndolos en falsos dilemas. Porque los seres humanos muchas veces nos mentimos, no explicitamos nuestras hostilidades, ni nuestras deseos de competir, queremos usar a los otros hostigando su autoestima para que estén a nuestra disposición y no a la de ellos mismos. La proclamación del amor a la humanidad es parte de eso; la hacen los que quieren ser acreedores, más que salvadores. Es un amor que, si no le sirviera para condenar a otros, no lo sostendrían.

Ese es el problema con la hermandad humana como noción. Nos convierte en deudores automáticos de todos los demás. Las apelaciones religiosas a la palabra «hermano», «hijo», «padre» confieren una posición de poder como extensión de nuestro desarrollo infantil, cuando estábamos sometidos a la obediencia y la ceguera. Llamar hijo o padre a un extraño o darle cualquier otro lugar equivalente al familiar, implica infantilizarlo o infantilizarse. En el caso de los hermanos extraños se inyecta la idea de una deuda mutua comunal. El trato familiar de extraños es una forma de manipulación.

De la posición cómoda filial real en la que crecemos, pasamos a la adultez adquiriendo independencia, ayudados por el deseo sexual o cualquier otra ambición. El vínculo con la familia verdadera se transforma. A partir de ahí, nuestras relaciones no son umbilicales sino valorativas, morales, condicionadas. Si eso no ocurre, estamos en problemas por falta de maduración

La etiqueta de hermandad le pone una cadena y un candado al vínculo, lo hace irrompible, incondicional, esclavo.

Nos importa poco que a una señora en otro país la hayan tirado al piso para quitarle la cartera; mucho menos qué malas consecuencias pueden padecer quienes la asaltaron. Si es nuestra vecina, nos identificamos por ver el problema cerca nuestro. Todo puede ser parte de nuestro anecdotario, un tema de conversación trivial. Pero trataremos de no expresarlo de forma abierta, porque eso sería poner al descubierto el ideal altruista de que estamos unidos por un vínculo original e indisoluble tildado de hermandad; desafiaremos a la corrección política y seremos castigados en nombre de una moral que nadie practica en realidad. Igual levantar el dedo para señalar las transgresiones a esa moral altruista sirve para ser bueno y los buenos tienen muchos permisos, mientras que los malos ninguno.

Por supuesto, esto está lejos de suponer que no exista la benevolencia y la preocupación por lo que les pasa a los demás. Pero no a todos los demás, sino a los que abarcamos. Son sentimientos trabajados, formados de ladrillos puestos por todas las partes, no de cadenas. También nos preocupamos por extraños que estando cerca, nos permiten pensar que lo que les pasa nos afectará o a seres dentro de nuestra red. En un tercer círculo, nos preocupan aquellos que no conocemos pero que llevan adelante valores que compartimos, gente que trabaja y se comporta civilizadamente y ha sufrido alguna desgracia o injusticia. Lo que no existe es el interés por todos.

Podemos ver la historia de la señora a la que tiran al piso para robar y nos sentiremos muy alterados al conocerla. Cuantos más detalles, más real se nos hará. Pero también nos pasará si es pura ficción y la leemos en una novela o la vemos en el cine. Lo que experimentamos es el choque con nuestros valores generales.

Someterse a todo el palabrerío familiar puede ser un acto de oportunismo pensando que nos aceptarán. Para Freud, el superyó era una construcción cultural moral y ética que provenía de la figura del padre, que es la ley. De ahí deriva una ética como obligación, como obediencia. Para Ayn Rand no existe siquiera tal cosa como el «deber ético», en tanto la ética bien entendida es un querer; es la regla que conduce a lo mejor para el propio individuo.

Todos necesitamos una mano amiga y que los que amamos cuenten con nosotros. Todos nos identificamos con el chico bueno de la película y deseamos que triunfe lo que consideramos mejor; aplaudimos el talento de aquellos a quienes ni conocemos y establecemos vínculos afectivos más allá de nuestro círculo íntimo. Eso no es lo que intento poner en juego al discutir la idea de la hermandad (más bien intento preservarlo), sino la idea de que podamos identificarnos con la humanidad sin traicionar al tipo de humanos que somos. Y nada de lo que discriminamos como mejor es una deuda con los genes, con la especie y ni siquiera con las leyes de la vida. Un pasado común es el antecedente, pero los vínculos y la vida se proyectan hacia el futuro.

Cualquier ser humano es un amigo potencial, o un colaborador, o la contraparte en un negocio. Por eso, es bueno ofrecer la buena voluntad como punto de partida. Pero de ninguna manera tenemos como carga redimir al asaltante de los caminos, ni al déspota o al estafador. Está perfecto preocuparse más por la mascota que por esos sujetos. Sería una buena idea encontrar la fórmula para modificar esas conductas, pero nunca como una obligación hacia esas personas ni como un mandato por suponer que los criminales son un desajuste respecto de la perfección y no simplemente individuos que elijen sus opciones.

Frente al agresor, lo obvio es defenderse. Pero intentar cambiarlo, «reeducarlo» o por considerase obligado hacia él, nos pone en el lugar de sus deudores.

Una muestra de adónde conduce en realidad el querer ponerse por encima del victimario como sus reformadores, veamos como ha mutado el concepto de derechos individuales hacia los llamados «derechos humanos». Tanto en la teoría como en la praxis, los derechos en tanto libertades fueron paulatinamente convertidos en aspiraciones de bienes o servicios provistos por los demás. Incluso se habla de generaciones de derechos, donde las nuevas vendrían a mejorar a las viejas.

Los derechos individuales son un desarrollo de la irrupción de la libertad privada del hombre común en el ambiente de apertura que se consolida con el constitucionalismo clásico desde la tradición anglosajona. Si fue necesario escribir que gozamos del derecho de propiedad, de libertad de comercio y de expresión, es para poner fin a cualquier duda sobre su existencia. Todo se hacia invocando a Dios o incluso al Rey, porque el cordón no se llegó a cortar, pero era un principio de rebelión del individuo aunque la explicación fuera defectuosa.

La declaración de independencia de los Estados Unidos contiene la siguiente fórmula:

«...Sostenemos como evidentes por sí mismas dichas verdades: que todos los hombres son creados iguales; que son dotados por su Creador de ciertos derechos inalienables; que entre estos están la vida, la libertad y la búsqueda de la felicidad...»

Se encuentra el principio creador y así se invoca el permiso de la creación para romper los vínculos con un poder inferior; esto es, la corona británica. Dios habilita la vida, la libertad y la búsqueda de la felicidad y Dios es más que el rey Jorge II, por supuesto.

Lo cierto es que hay un vínculo de dominación y ese vínculo se rompe por decisión de unos súbditos, que no se plantean el problema de su propio autogobierno como la principal cuestión, sino el no gobierno de un monarca abusivo, cuyos excesos se describen. Los revolucionarios reconocen que «toda la experiencia ha demostrado que la humanidad está más dispuesta a sufrir, mientras los males sean tolerables». Es decir, hay motivos de orden político y práctico por las cuales un gobierno permanece y es tolerado. No se trata de un vínculo obligado por otra cosa que no sea por circunstancias de hecho.

Más allá de la fórmula genérica de la vida, la libertad y la búsqueda de la felicidad, no hacen falta muchas más aclaraciones. Sí, en cambio, se hacen necesarias en cuanto al gobierno federal, que se invoca como «autogobierno». Es entonces cuando más allá de los antifederalistas que rechazaban la formación del gobierno federal, se acuerda que, una vez que existe, necesita de una forma de límite. Los Federalistas en cambio representaron la mirada hacia arriba, hacia el cielo, algo que esté por encima de lo que hay (los gobiernos confederados) y pueda controlar sus fallas, un Dios protector y visible. Dado que la visión de los segundos se impone se suceden las enmiendas posteriores a su sanción, que se conocen como el *Bill of Rights* de los Estados Unidos.

Los derechos compiten con el gobierno, no se realizan con él.

Sin embargo esta ecuación se hace confusa. ¿Cómo congeniar la idea de «autogobierno» con «gobierno», que implica mando y obediencia por definición?

De esa situación poco clara a partir de tratados internacionales, es decir actos del poder de una unión de autoridades, nacen unos derechos llamados «humanos». La libertad en concreto se transforma en fórmulas poéticas más propias de juglares de la corte que de compradores de cables de iPhone, consagradas por los profetas. A su vez, se ingresa como un caballo de Troya la noción de que el derecho es un acuerdo de protectores hacia la gran hermandad universal para que al hombre desvalido, ya no al temible ciudadano, no le falte nada. Ahora la libertad es hija de la hermandad y no el grito de independencia de unos individuos que no admiten ser esclavos ni súbditos. Hermandad que impide dar trato de enemigo al enemigo y que el enemigo utilizará en su favor como una forma de deslegitimar a la voluntad de defenderse y responder la agresión.

La libertad de los tratados de derechos humanos es una formula altruista, una deuda a la humanidad que a su vez se coloca como estándar. Los más graves son los «crímenes contra la humanidad»; las personas en particular son apenas granos de arena de la humanidad.

Si suena exagerado, veamos lo que ocurre en concreto con las políticas de derechos humanos cuando son cooptadas por una parcialidad de izquierda comprometida con actos de terrorismo. Izquierda en mi vocabulario significa fidelidad al Dios-Estado, una forma de puritanismo represor del deseo del lucro y castigadora de la individualidad como pecado.

La parcialidad de esa izquierda se expresa en la forma de juzgar actos de sus simpatizantes ideológicos y los que no lo son, con varas diferentes. Promueven una impunidad asombrosa, a veces con argumentaciones absurdas y colocando a terroristas muy violentos en el papel de víctimas. Países con el peor historial en materia de respeto a la libertad son miembros de organismos multilaterales dedicados a los derechos humanos. El agresor juega el papel de agresor y también, el de pobrecito, de acuerdo según esté en una posición de fuerza o de debilidad. Lo hace posible el hecho de que los agredidos se sientan portadores del amor universal.

Esta situación es el extremo del abuso del dogma «hermanador» por parte de quienes llevan adelante su parcialidad con violencia, sin sentir obligación alguna hacia sus enemigos. Se trata de la utilización de las fallas del dispositivo político liberal republicano (en cuanto tomó este formato de imperativo categórico) en función de objetivos liberticidas. Los violentos, los enemigos de la libertad y el derecho nos dicen que les debemos eso que nosotros practicamos como un valor tan universal que incluso los contiene a ellos, a quienes quieren acabar con esos valores. Nos pisan el pie y nos dicen «amaos los unos a los otros» cuando pensamos en reaccionar. Se trata de la culpa creada a partir de la idea de libertad como deuda y no como respeto mutuo.

La paz como ética es una toma de partido e implica una elección. Una de sus condiciones es estar abierto a restablecer un vínculo roto o intentar ponerle fin a una situación de enemistad. Es bueno porque terminar con los conflictos evita daños en el futuro y abre el camino a ampliar la red beneficios. La paz como proyecto necesita adhesiones; es una forma de relación humana que aunque no tenga una validez universal, puede ser perfectamente universalizada porque no contiene contradicciones y se adapta a la naturaleza humana. La paz es pariente de la amistad, no de la hermandad.

Es un bien aceptar la realidad. Parte de esa realidad es que todo ser humano es un amigo, socio o colaborador en potencia. Nuestro desarrollo requiere la preservación de la vida humana. Pero tal cosa no es un absoluto. Hay vidas humanas que eligen la vía de la agresión, la de imponerse a los demás por la fuerza. Eso también es la realidad.

El vínculo de colaboración tiene una valoración positiva, pero no es una situación por defecto ni es irrompible. De ahí, mi negativa a considerar a la humanidad como un todo moral. El proyecto ético del que elijo formar parte tiene que ver con la relación elegida.

Esto no quiere decir que —incluso para la guerra— no sea necesario mantener reglas. El peligro es convertirse en el enemigo o contribuir a la creación de un ambiente que haga imposible recobrar los valores perdidos en el conflicto. Es útil, si digo útil es porque no hay otra consideración que hacer en una guerra, que el enemigo sepa que todo puede cambiar si depone su agresión. Lo que nunca debe pasar es que entienda que se ha renunciado a la voluntad de responder por una obligación hacia él, por un espíritu de predicador del amor universal que le permita tomar la posición de víctima o de defensor de los «derechos humanos».

A su vez, sin la visión paradisíaca de la hermandad, la idea del perdón adquiere un carácter muy distinto. El perdón es una vía para la paz, tampoco es un valor en sí mismo. Perdonar requiere una recuperación de valores. Se puede olvidar, porque también es válido cuando los conflictos pierden vigencia y posibilidad de proyectarse en el futuro, pero no es lo mismo el olvido que el perdón que recompone un vínculo.

Tenemos con cualquier ser humano una cuota importante de herencia genética común; puede ser un señor que está tomando una cerveza en Tokio y una señora sentada en un café de Viena. Pero no somos solo una herencia sino individuos nuevos en el universo empujando por vivir, aunque nuestros genes fueran puras reproducciones y combinaciones de otros genes como los de aquellas personas en Tokio y en Viena. Nuestros caminos de aquí en más podrían bifurcarse para no volver a unirse jamás. Cada uno de nosotros podría dar lugar en un millón de años a especies por completo diferentes, difíciles de asociar a su vez con nosotros como el tronco común.

Soy quién leyó alguna vez «La Insoportable Levedad del Ser» y lo comentó con su amigo en un bar y se lastimó el dedo con una aguja cuando quiso arreglar un botón. No fue el lector, ni el bombero de Roma o el actor de Hollywood; esas experiencias me pertenecen, no están en mi genética, no estarían en la de mis descendientes. No soy el instrumento por el cual los genes que llevo continuarán viviendo. Allá ellos con sus objetivos. Yo soy yo. Y si esto es una ilusión, la adopto para no someterme a la ilusión similar de ningún otro que crea que además de ser él, es yo.

No es el componente biológico el que nos da un nombre. La similitud genética tiene unas dimensiones que no le interesan a esa individualidad. Con los chimpancés compartimos un 97,8% de los genes. Parece poca la diferencia y sin embargo eso no nos hace pasar las fiestas comiendo y bebiendo con nuestros «hermanos» en el zoológico.

De los ratones nos separan 75 millones de años de evolución. Nuestro antepasado común estaría orgullo de nosotros, pero no sé si tanto de nuestros primos cercanos de los que nos diferencian solo 300 genes, mientras que compartimos el 99%.[2]

Las diferencias entre las razas humanas están en el orden del uno por ciento. Los seres humanos somos todos parientes más cercanos, pero no estamos mucho más lejos de otras especies a las que no hemos incluido en la familia.

No nacimos con una deuda, sino con una vida por delante, con cosas maravillosas que podríamos hacer interactuando con cualquier ser humano, pero también con la libertad de no hacerlo.

La genética no produce obligaciones de tipo moral, porque lo más importante que tenemos en común, nos diferencia. Esto es, la libertad, la consciencia. Lo que nos caracteriza es que no

---

[2] De acuerdo a un estudio publicado por la revista *Nature*, citado por el diario *El Mundo* de España, <http://www.elmundo.es/universidad/2002/12/05/tecnologia/1039076011.html>.

solo buscamos perpetuar nuestros genes, sino también nuestros valores. Porque los genes nunca serán el proyecto completo de nuestra vida. Incluso luchamos contra ellos cuando descubrimos que tienen algún mal plan para nosotros, como una enfermedad congénita.

Cuando pierden su falsa fuerza normativa las similitudes biológicas, aparece el verdadero campo del amor como potencial, las relaciones libres con puertas de entrada y salida. Porque el amor no es un lazo heredado sino una plenitud buscada. No nos relaciona al pasado sino al futuro.

Las relaciones humanas son el campo sobre todo de los valores. Por supuesto que la biología también tira. Somos seres sexuados y no hay mucho que innovar sobre eso, aunque sí muchas formas de aceptar o no aceptarlo desde ópticas morales muy distintas. Nos encontraremos con gente que comparte nuestros valores o que representan para nosotros un valor, otras que permanecerán indiferentes y otras que los detestarán. Algunas amenazarán tu vida, tu paz, querrán quedarse con lo que te pertenece.

En ese amplio campo de las diferencias, el proyecto de la paz es el más universalizable, pero no lo es por completo. Debe ser elegido. Puede ser defendido con argumentos racionales y referencias a la realidad; es decir, se trata de una ética.

Así se hace un poco más explícita la buena noticia: no somos hermanos, pero podemos ser amigos o socios.

La palabra libertad debe ser una de la más populares y prestigiosas de nuestra etapa evolutiva. La usan quienes la aman y quienes la odian. Las organizaciones revolucionarias que luchaban por establecer sistemas de control totalitario le llamaban a sus propósitos movimientos de «liberación nacional». Ellos creían en la hermandad entre los hombres hasta el extremo de eliminar física o moralmente a los miembros descarriados de la familia. Los fundamentalistas religiosos de la hermandad promueven el conflicto entre «hermanos» con el nombre de «Teología de la liberación». La

Revolución Francesa y su Comité de Salud Pública se inspiraban en el slogan «libertad, igualdad, fraternidad» y el hermano que no compartía semejante amor, perdía su cabeza. El peso cultural de la palabra libertad es tan grande que hasta los intentos de terminar con ella se disfrazan de ella.

Pero libertad no quiere decir nada mucho más importante que independencia del designio de la hermandad. Libertad en el aspecto social, al menos, es precisamente obrar según deseos propios aún contra los deseos de nuestros «hermanos». Sin embargo, la libertad no destruye las relaciones sociales como piensan los déspotas en ejercicio o de vocación, sino que las hace posibles y reales.

Uno podría identificarse con los hermanos que atentan contra el derecho a disfrutar de su habilidad del prójimo. De hecho, creo que el secreto del colectivismo es exaltar este sentimiento. Aquí es donde debemos apelar a la ética, es decir a la cabeza y no al corazón, para desprendernos del impulso primitivo. Más adelante explicaré por qué al menos habilidoso, incluso al más vago, le conviene la libertad del otro para sacar provecho propio de sus ventajas.

Entender todo eso requiere libertad de juicio. «Todos los hombres somos hermanos» es un dogma que puede ser sostenido desde la fe. La razón no puede negar dogmas; lo que hace es no incluirlos, no considerarlos válidos dentro de su propio código de funcionamiento. En el mundo de la fe podrá existir ese vínculo, como puede existir Don Quijote en el universo de la ficción. De modo que mi afirmación acerca de que no somos hermanos es nada más que para este mundo. No se trata de la negación de un dogma, sino de liberar el pensamiento de esta cuestión de una atadura que opera como terrenal, cuando en todo caso debería quedar en ese supuesto más allá.

Aquí en la Tierra, hay dos fuerzas actuando que se oponen. Una, la fraternidad y la otra, la libertad. La primera también tiene su prestigio. Se puede vivir la libertad con una culpa que no es otra cosa que el lazo persistente hacia la fraternidad. Los actos de amor de los individuos están rodeados de deberes hacia una hermandad. Pero la relación entre personas ocurre en función de intercambio de valores y no solo por historia genética.

Claro que la libertad conduce a un cierto vértigo. La razón elabora normas éticas que se perfeccionan con el intercambio. La alternativa ordenadora a la hermandad es la paz, la colaboración y la amistad por una mutua elección en lugar de por una herencia, carga o culpa. La amistad y la sociedad se producen por afinidades personales o de intereses. Aunque no podemos establecer con todas las personas la profundidad de relación de una amistad, la paz puede lograrse con cualquiera que esté dispuesto a mantenerla con nosotros. La colaboración con aquellos con los que logramos realizar intercambios se sustenta en eso. Se ha dicho muchas veces que el comercio es un reaseguro importante de la paz, porque genera intereses que la consolidan, y es un incentivo para la no segregación y la aceptación de las diferencias en función de objetivos comunes. «Si por una frontera no pasan las mercaderías, pasarán los cañones» decía Bastiat.[3] Es cierto, de eso se tratan los cargadores de iPhone.

La libertad es un elemento base de cualquier relación. La puerta de salida es un seguro contra los abusos de cualquier parte. Hasta una familia con sus puertas cerradas hacia el exterior es peligrosa para sus miembros.

Todos los días escuchamos la sentencia admonitoria que dice que «el mal del mundo es el individualismo» y su correlato político, el «capitalismo». Lo que expresa este sermoneo es el deseo de control de parte de los individuos que lo expresan sobre otros individuos cuyas vidas juzgan o cuyos logros les molestan. Son

---

[3] Frédéric Bastiat, pensador, economista y miembro de la Asamblea Francesa (1801-1850).

las palabras que denotan una frustración por una colaboración imposible, porque pretende fundarse en una obligación con la hermandad, con ignorancia expresa de los intereses del otro. El dilema que enfrentan estos pensamientos colectivistas es que son individuos solos o en colaboración quienes controlarían a otros individuos que estuvieran solos o colaborando. El colectivismo es un individualismo perverso, pero no deja de ser el individuo la unidad de acción.

Si el ideal fuera que los seres humanos formen una gran ronda en nombre del amor incondicional de unos con otros olvidándose de si mismos, habría que convencerlos a todos para que semejante empresa se pudiera llevar a cabo de modo pacífico. El problema sería que si eso ocurriera, el colectivismo ya no sería colectivismo sino una organización privada y no hay nada que los colectivistas detesten más. El colectivismo por lo tanto es solo violencia ejercida hacia el díscolo o hacia el mejor. Por definición es no voluntario y parasitario.

La empresa privada es un grupo de colaboración con roles convenidos y prestaciones recíprocas. El idealismo colectivista no las acepta por su finalidad lucrativa. El fin de lucro en un idealismo fraternal aparece como sucio y menor, porque es lo que el individuo quiere para él mismo. Muchas organizaciones se jactan de ser «sin fines de lucro» como una forma de legitimación de lo que hacen, a pesar de que siempre lo son aunque no obtengan ganancias medibles en dinero. La condena al lucro es la condena a la acción, a la colaboración útil y a la vida. La condena al hermano que no vive para nosotros.

CAPÍTULO VI

VIDA Y PROPIEDAD

La vida es un proceso de apropiación. Los seres animados incorporan sustancias del medio, se proveen de energía y transforman la materia. La vida es un hecho, no pide permiso ni se justifica.

El mito del paraíso perdido hace que ese proceso vital se vea como una deuda con un creador, alguien que dio el permiso inicial a la apropiación de nuestra primera célula. Con el dispositivo ético con el que nos tratamos con los seres con los que compartimos las mismas capacidades de intercambio, queremos vernos justificados en el hecho de que tomamos otros seres vivos, animales o vegetales y nos nutrimos con ellos para subsistir. Como si alguien tuviera que haber habilitado lo que somos, dado que no encontramos como considerarlo justo en base a una regla preexistente.

Bien, buscar la regla que da el permiso para que exista la propiedad es como buscar la habilitación para vivir.

Tiene mucho sentido que aquel paraíso supuesto del que fuimos expulsados, esté relacionado con la muerte (cuando nos ocurra tendremos la oportunidad de recuperarlo) y que la vida como la conocemos haya comenzado a partir de la expulsión de allí. En tanto la vida es acción y avance hacia lo que se aspira y la apropiación de elementos externos, la muerte es el fin de esa lucha; por lo tanto, de las necesidades. El paraíso se nos ofrece como el descanso eterno, la ausencia de angustias y privaciones, lo que se da únicamente una vez finalizada la vida.

El Jardín del Edén se parece mucho a la añoranza por el estado anterior a la vida, adonde se vuelve después de ella. Lo que Freud denominó precisamente «pulsión de muerte». El paraíso es, al final de cuentas, el descanso de la lucha constante a la que llamamos vida.

El mito nos ofrece una justificación que nos trasciende como seres vivos por medio de la idea de la Tierra heredada. Un Dios creador ha puesto todas las cosas en este mundo, entre ellas a nosotros. Nos ha dicho de manera expresa que podemos servirnos del medio porque está puesto a nuestro servicio. De todos los seres vivos, nosotros somos los más importantes y los únicos que fuimos hechos parecidos a él. Por eso es que tenemos autorización para comernos las zanahorias y los peces.

«26. Dijo Dios: "Hagamos al hombre a nuestra imagen y semejanza. Que tenga autoridad sobre los peces del mar y sobre las aves del cielo, sobre los animales del campo, las fieras salvajes y los reptiles que se arrastran por el suelo." 29. Dijo Dios: "Hoy les entrego para que se alimenten toda clase de plantas con semillas que hay sobre la tierra, y toda clase de árboles frutales."»[1]

Dicho esto, comer una manzana silvestre se ve habilitado.

Pero supongamos que no existe autorización alguna. Que en realidad somos parte del fenómeno de la vida, que la vida se sostiene en la apropiación y la transformación de los nutrientes en energía, que dentro del desarrollo de esa vida nuestra especie se caracteriza por tener propósitos complejos, más allá del hardware. Que nuestra percepción del software es lo que llamamos «alma». Que no estamos aquí porque alguien lo haya querido sino simplemente porque resultó de una serie de factores ajenos a cualquier voluntad, incluso la nuestra. Supongamos entonces que, en tanto apropiadores, nuestra capacidad de explicar la realidad nos permite ser conscientes de los otros, que logramos entender que son parecidos a lo que somos nosotros mismos.

---

[1] *La Biblia*, Génesis, 26.

Esos otros apropiadores que son nuestros semejantes, tienen también propósito y capacidad de juicio como decía Ayn Rand. Poseen un dispositivo de razonamiento, y son capaces de manejarse con su voluntad en base a reglas generales. Valen para nuestra subsistencia mucho más que una fruta que recolectar o un animal que cazar, por todo lo que podemos intercambiar con ellos y así tal vez podría ser que se lleguen a desarrollar nuestras emociones. Entonces la evolución nos permite excluir a los otros del goce de lo que logramos y a la vez renunciamos por aprendizaje a convertirlos a ellos en instrumento nuestro. Y después de excluirlos de nuestro patrimonio, digamos, establecemos con ellos la paz, para vincularnos, intercambiar, colaborar. La paz se basa en no interrumpir, entorpecer ni violar sus acciones de apropiación.

Entonces no basamos esa paz en el pasado, ni en un origen común o la orden de un creador, ni siquiera en un orden moral implícito en las cosas por sí mismo. Ese respeto a las otras apropiaciones y propiedades, se sostiene en el futuro, en la ganancia, en el lucro. Supongamos, entonces, que es el lucro en un sentido amplio como conceptualización de la apropiación, el origen de la ética, del respeto, del software que denominamos «deber ser». De ese modo las cosas se ven bien distintas. No es que se trate de un relato histórico, sino de una especulación sobre cómo pueden haber operado los incentivos sin que se suponga ningún acto de creación ni ningún permiso de vivir. A la vez, es muy distinta al idealismo cósmico que sujeta la justicia de la apropiación a un orden moral superior o anterior al hombre y a una perfecta armonía (en base al mismo permiso), de todas las transferencias y de estas con el cosmos.

Como decía más atrás la más tradicional forma de justificar la propiedad es la de John Locke[2] que la deriva de la aplicación del trabajo a la tierra, heredada a su vez por todos los hombres del

---

[2] John Locke, *Segundo Tratado del Gobierno Civil*, Capítulo V.

Creador. El inicia su propia especulación con el Génesis, con Adán y Eva como primera instancia creadora y Noé, como una segunda. El creador es perfecto, los hombres apenas una imagen de él, pero pecadores al fin. La perfección sin la cual la imperfección no puede conceptualizarse: esa es la fantasía que crea la imperfección.

En consecuencia, lo que no tenemos se explica de la apropiación original sobre algo que era común. Si la Tierra es de todos nosotros los hermanos, la tierra que yo mismo no tengo debe ser explicada como si se hubiera cometido un pecado. Locke, intenta su justificación y nos dice que la propiedad se debe a la aplicación del trabajo por parte de nuestros ancestros, aunque él mismo define como su límite el hecho de que lo que hay alcance para todos. Nuestro trabajo, a su vez , es nuestro porque somos dueños de nuestro cuerpo; es decir, parte de la base de que hay un cuerpo y un alma y una vida más allá del cuerpo.

Con otro punto de vista igual, pero siguiendo la misma línea de razonamiento se podría cuestionar que el trabajo aplicado se extienda en sus efectos más allá de los frutos.

El derecho a poseer no es la única herencia humana. Nos dice Locke que «una vez que nacen, los hombres tienen derecho a la autoconservación y, en consecuencia, a comer, beber y beneficiarse de todas aquellas cosas que la naturaleza procura para su subsistencia».

Una gran diferencia que tengo con esta afirmación es la falsa división, como si existiera algo que es la vida, otra cosa que es el alimento y algo que las vincula que es el permiso. El derecho a la vida supone que la vida puede ser justificada y que además requiere justificación. Se quiere hacer encajar la vida en la razón y no la razón en la vida; a esto se debe a la perspectiva mística, nada más. La justificación es un mecanismo de la razón que ha comido. Una retrospectiva.

No se deriva de esto que comer justifica cualquier acción. Justificar es un acto moral, comer no lo es. Mi crítica es hacia la inversión del camino. Ese ir para atrás derivado del hecho de que en algún punto de nuestra evolución, hemos concebido algo llamado moral, por lo cual nos abstenemos de hacer algunas cosas que en principio parecieran beneficiarnos en el corto plazo. Luego pretendemos hacer una retrospectiva para encontrar que nuestra ética explica incluso nuestra existencia, el cómo hemos llegado hasta acá. Esa retrospectiva es ilusoria. Nuestra existencia resulta que no es producto de ninguna ética, sino del azar y la apropiación sin reglas. La mentalidad religiosa nos impide aceptar eso y hasta llega a veces a negar nuestra animalidad evidente.

Hablo de invertir el camino porque el respeto a la vida y a la propiedad es una adquisición del progreso del ser humano y no algo que tenga que ser agradecido a los ancestros o al creador. Es algo útil que nos enriquece en el aquí y ahora y hacia el mañana. Si no fuera así, habría que deshacerse de ella.

Es el futuro lo que hace posible la propiedad, no el pasado. Aquel pasado no tiene la más mínima importancia como fundamento para que respetemos la propiedad. Si el mundo se acabara mañana, haríamos bien en comer las manzanas del vecino y al vecino le daría lo mismo mientras tenga para él. El hecho de que haya futuro nos lleva a respetar unas reglas y esas reglas requieren muchas veces que utilicemos datos del pasado, como la validez de los títulos de propiedad. Pero sin futuro, ese pasado carecería de importancia.

La propiedad existe porque permite la vida humana tal como es. La lucha contra la propiedad es la lucha para dominar al ser humano, comprometiéndolo con un pasado místico o con vínculos biológicos sin significación moral.

La búsqueda de la justicia de la apropiación originaria parte de asumir que el cosmos necesita explicaciones. El beneficio de establecer la regla de la propiedad y de la transferencia pacífica, tiene un peso tal a futuro que no revisamos todas las injusticias ocurridas en todos los traspasos pretéritos, sino que le ponemos límite a la indagación. Un límite que está marcado por el costo de esa revisión en función de que se puede obtener al revisar. La razón por la que existe el instituto jurídico de la prescripción es precisamente ese costo.

Además de la ética, el software humano ha elaborado algo más sofisticado: el derecho, al que ya suponemos como obligatorio además de útil. Propiedad, vida humana y paz son términos inseparables y abarcados por la noción de Justicia.

Y ya que estoy, me voy a tomar el atrevimiento de criticar en este sentido a Emanuel Kant en su *Crítica a la razón práctica*. Kant intenta buscar la universalidad en la razón a partir del altruismo extremo; la razón no práctica, digamos. En su concepción, ser moral consiste en dejar los propios intereses de lado. Eso era algo a lo que el Creador ya nos había invitado, lo había hecho en función de su autoridad, porque parecía evidente que no tendríamos nunca motivo propio alguno para dejar de hacer algo que mediata o inmediatamente nos beneficie. Así ha buscado el hombre explicarse su ética (después de tenerla).

¿Es una renuncia? Pues si es una renuncia debe venir precedida de alguna orden superior. Kant sin embargo quiere que el altruismo vaya más allá de la idea de Dios, cuya muerte más tarde decretaría Nietszche. Entonces terminará por elaborar su teoría pura de la moral altruista, según la cual cualquier acto que hagamos en nuestro provecho y en la medida en que esté motivado por nuestro provecho, no es moral. La moral es el resultado de la voluntad, pero, nos dice Kant, la voluntad solo es libre cuando no actúa en su propio favor. Es decir, la voluntad es libre cuando no quiere nada. Lo cual me parece bastante inútil. Esta es la condición que pone Kant para universalizar el imperativo categórico. Es una moral autónoma sin Dios, pero que sigue estando por encima de nosotros; es decir que también es autónoma de nosotros.

¡Pamplinas! No existiría la moral sin la voluntad ni la voluntad sin el deseo. La moral no requiere guardianes represores, ya que es capital humano en estado puro. La moral no es sacrificio, es costo. El costo implica algo que se deja para obtener algo mejor. La mentalidad mística en lo moral consiste en no encontrarle beneficio a las reglas abstractas por sí mismas y por tanto, el intento de suplantarlas por órdenes superiores. No hemos sido buenos por Dios, cualquiera sea la idea que tengamos sobre ser buenos. Lo hemos sido por hombres, por ambiciosos y por inteligentes.

Misticismo y altruismo así definidos son los límites que encuentran los que aún no han descubierto la ética como método de supervivencia esencial del ser humano.

Capítulo VII

PATERNALISMO

19 Si quisiereis y oyereis, comeréis el bien de la tierra:
20 Si no quisiereis y fuereis rebeldes, seréis consumidos a espada: porque la boca de Jehová lo ha dicho.

Isaías 19: 20

El paternalismo es una forma de poder. Quién protege, domina; quién provee sin contraprestación, manda. El ejercicio habitual de la dádiva implica una degradación en la posición del que recibe frente al que otorga.

La paternidad real también implica mando que se justifica por la inmadurez de los menores. El paternalismo entre adultos promueve la inmadurez.

Si le llamamos bondad a mandar, entonces el paternalismo es bondad. Puede asombrar que lo diga de esta manera, pero es bastante común llamarle bondad a mandar. De eso se han tratado todos los misticismos asociados al poder, la veneración de próceres y la asignación de unciones sobrenaturales a los gobernantes. Lo novedoso es la idea de una religión que no justifique al mando, sino que sea una forma de psicología que actúe en el ámbito privado con el creyente. Sin embargo, el estado secular se ha sostenido, desarrollado y crecido, erigiendo sus propias doctrinas religiosas o cuasi religiosas sobre un formato místico precedente. El nacionalismo es una de esas doctrinas; el mercantilismo, otra y también la idea de la seguridad nacional. En general se trata de amenazas invocadas con fines políticos.

El paternalismo populista ocupa ese mismo espacio de creencia dogmática que explica, hasta con violencia, que el que manda es bueno y debe ser venerado porque nos protege. El que manda no es un igual y por eso tenemos que obedecerle. Se requiere de un continuado culto a la personalidad que avale ese sometimiento. Son padres, nos quieren, se preocupan por nosotros. Quien se opone, está contra nuestro protector y por lo tanto es un peligro para nosotros.

El cielo viabiliza la obediencia «en defensa propia». Lo que no tenemos se debe a la maldad; un bueno terminará por nosotros con la maldad. Esa es la forma más habitual de justificación del sometimiento.

A la razón para el sometimiento no se le llama de esa manera, sino con una palabra funcional y que encierra una gran mentira: «legitimidad».

Legitimidad es el supuesto ajuste a una regla superior del ejercicio del sometimiento. Dado que el mero uso de la fuerza no es practicable a cierta escala, como lo es al nivel del asalto en la calle, el poder requiere de artilugios argumentales que tengan la capacidad de convencer al que obedece de que es su deber hacerlo. Para eso se inventan todo tipo de estratagemas, desde las más primitivas de orden meramente místico, a las más sofisticadas con pretensiones de juridicidad. Pero el resultado es inevitablemente que el que tiene que obedecer es un inferior.

Hay que decirlo de una vez y con toda claridad: no existe título alguno por el que una persona adulta deba obediencia a otra, ni que tenga que considerarse que sobrevive por su protección. No importa si el que ejerce el poder fue elegido, se creyó elegido o tiene las armas en la mano. La obediencia no es debida a no ser que se la contrate.

Sin embargo, hay situaciones en las que todos elegimos obedecer más allá del caso de que contratemos nuestros servicios, en cuyo caso recibimos algo visible a cambio previamente pactado y no perdemos la condición de iguales. Puede haber un vínculo paternal en el que nuestra debilidad es un supuesto y la fortaleza y buena intención hacia nosotros, es el otro. Para esto no hay título alguno, por más que la paternidad de los menores genere derechos y obligaciones en todos los sistemas civiles; es revocable cuando esos supuestos desaparecen. Normalmente están, pero no es una regla sin excepciones. La paternidad, normalmente, es una protección para los menores y no un peligro.

El cielo nos convierte en débiles permanentes. El poder político a su vez es fuerte y su justificación es la de ser protector. El paternalismo, entonces, resulta la forma de «legitimidad» básica.

La angustia de lo perdido y el temor a la incertidumbre creada por la idea de la certidumbre, requiere consuelo. La tendencia es a acomodarse a una situación que parezca la del hijo cobijado por el padre. En la tradición judeo-cristiana, Dios es justamente el Padre y a la vez «todopoderoso». La religión se trata de un formato de sometimiento a una voluntad bienhechora que nos exige sacrificar lo que deseamos a cambio de su protección omnipresente.

Con el Estado secular, por más constitucional que sea, ese vínculo se transmuta, pero no cambia. Del orden político real (como la ley del más fuerte moderada por tradiciones), se pasa a un orden político protector idealizado. En principio, aparece como guardián de las libertades básicas cuyo principal enemigo ha sido hasta ahí el propio orden político. La visión clásica liberal sobre el Estado que en alguna medida aún subsiste, es que el gobierno legítimo es el paternal y que una paternidad sana es la que permite el crecimiento y desarrollo de los hijos. Pero, aunque es la visión clásica liberal, este pensamiento viene heredado de todas las formas anteriores de justificación del poder. Las constituciones clásicas toman a Dios pero puesto de su lado, para deshacerse del tirano.

Ninguna paternidad permite el desarrollo de los hijos salvo la real, que termina en general cuando los hijos le ponen fin, con independencia de las reglas civiles formales. Los hijos rompen el vínculo y se hacen adultos, cambiando los términos de la relación con sus padres.

La tradición judeo-cristiana se basa en gran medida en la exaltación de los vínculos de sometimiento y compromiso familiar, como un microcosmos transformado en macrocosmos, que nos coloca de nuevo en la posición de hijos. Primero, respecto del Dios que es Padre. A partir de ahí a la exaltación de la hermandad extendida a toda la humanidad.

El cristianismo en particular recurre a la figura del pastor que cuida sus ovejas, como la metáfora del vínculo de los laicos con los sacerdotes.

Esta es la parte más reveladora, en realidad, porque los pastores crían ovejas para esquilarlas y comerlas. No es que los sacerdotes se coman físicamente a las ovejas: la relación de poder se da en la facultad alegórica que tienen para hacerlo.

Mi opción es, en cambio, percibir al mundo como lo desconocido, el lugar el ensayo y la acumulación de experiencias. No es una falta de certidumbre, porque la certidumbre es un mero producto de la imaginación; no existe ni tampoco su falta. No falta certidumbre, como no faltan magos ni faltan dioses.

Del mismo modo, no existe la imperfección, en la medida que se defina en función de algo inexistente, como la perfección. Podría seguir mencionando palabras que empiezan con «in», que están colgadas de un ideal imaginario de ausencia de necesidades y que son producto de definir la vida como una carencia, en lugar de una aspiración.

Esa aspiración que caracteriza a la vida mientras es tal, nos mueve a la acción, a probar, a colaborar, a pensar. El cielo nos lleva a temer, a buscar oráculos que interpreten las piedras, las cartas, el horóscopo o los libros sagrados. Fundamentalmente, a obedecer. Tal es el rol que juega el misticismo como remedio a la angustia creada por la concepción de la existencia como una pérdida, producto a su vez del mito.

En la tipología de Max Weber, el patriarcado es una forma de legitimidad de la dominación ilimitada. El patriarca tiene un vínculo tan estrecho con sus súbditos, que puede disponer cualquier cosa sobre ellos. En algún punto de la historia, el poder del patriarcado se extiende sobre los así llamados «hombres libres». Denominación que es perfecta, porque son aquellos que no tienen vínculos con ningún patriarca, no están protegidos; es decir no están dominados. Hemos perdido esa definición de libertad, porque el mundo ha sido parcelado y todos los hombres son súbditos de una nacionalidad que define sus derechos.

De algún modo, la racionalidad política de nuestra era ha creado la sensación de que el tipo de relación entre un ciudadano y el aparato de poder encargado del «bien común» es la normalidad de la historia; pero, en realidad se trata de una normatividad bastante excepcional. El Estado ha sido en la historia, la forma de dominación más ilimitada, porque ha sido también supuestamente la más protectora y paternal de todas. El totalitarismo no es hijo de la maldad del poder, sino de la bondad y por eso llegó hasta dónde llegó. Hay una cosa muy mala que tiene este mundo y es los que son tiranos por malos, pero mucho peor resultan los que son tiranos por buenos. Esos lo son convencidos al ciento por ciento.

El pensamiento liberal clásico al crear un aparato político con pretensiones de protección de las libertades individuales, generó unos incentivos opuestos a los buscados, poniendo al poder al servicio de otros objetivos. Gran parte del abandono del pensamiento clásico de nuestro sistema político actual y su reemplazo por doctrinas políticas incompatibles con el sistema republicano, operó por medio del restablecimiento de vínculos patriarcales, bajo la forma de paternalismo. Las grandes frases que podemos recordar de los pensadores públicos del constitucionalismo clásico son contra la tiranía, pero a su vez nos llevan a imaginar en una dominación protectora.

El paternalismo no se ocupa de la pobreza, sino que la crea como categoría. El paternalismo no es una mera provisión de servicios, sino el inicio de una relación entre amos y súbditos. Se trata de un vínculo de poder político, no de un sistema económico. Por eso, la demagogia es demagogia y no servicio; no produce efectos benefactores de verdad, pero si es fuente de poder para el protector y no se abandona por más que no tenga ningún resultado.

El paternalismo en una república es la mayor inconsistencia posible, una forma nostálgica de eliminar al ciudadano como actor del proceso político y transformarlo en protegido. La asimilación de la relación entre ciudadano y poder político con la paternidad, remite a las formas culturalmente aceptadas de sometimiento que no se compadecen con un sistema republicano de gobierno limitado. La relación de los hijos con el padre es de obediencia y a la vez de confianza ciega. Entre adultos, la relación paternalista es una forma de esclavitud.

Eugene de Genovese[1] ha estudiado la historia del vínculo entre los patrones y los esclavos del sur de los Estados Unidos. El elemento central que explica la sumisión en su visión, no es el mero uso de la fuerza sino el paternalismo, de ambos lados de la relación amo-esclavo. El esclavo es visto como un protegido, un mantenido que a cambio de serlo, está al servicio del amo. El esclavo básicamente lo acepta compartiendo la visión que lo somete.

Observemos el tipo de pobreza sostenida, que es el objeto de preocupación verbal del estado paternalista (o de otras formas de paternalismo privado que comentaré más adelante) y no se ve muy diferente. Los barrios marginados, que nunca se reducen sino que aumentan en su volumen pese a que paternalismos oficiales y no oficiales los «sirven». Aunque en realidad, se sirven

---

[1] Genovese, Eugene D., *Fatal Self-Deception*.

de ellos, sea usándolos de votantes o de asistentes a actos o nada más que como besadores de manos.

Thomas Szasz observa, a su vez, que la esclavitud era en gran medida justificada poniendo la mirada en el esclavo, describiéndolo como un ser desvalido, incapaz de valerse por si mismo, pero olvidando mirar al vínculo que explicaría esa misma situación de indefensión de otro modo. La posición del amo hace al esclavo. La posición del paternalismo estatal hace al «pobre» ser lo que es en las sociedades paternales. Veamos el trato de un político demagogo en un barrio marginal, viéndose a sí mismo como «bajando» al nivel de quienes se le acercan a tocarlo. Miremos incluso a los religiosos politizados y no politizados extendiendo sus sonrisas condescendientes y lo que tendremos ante nuestros ojos, es un vehículo para la sumisión, un ambiente viciado de condescendencia, parecido al que a veces se da entre los médicos o enfermeras sin ética con los pacientes desvalidos.

Hay un punto interesante en esta forma de dominación paternalista, que utiliza un lenguaje neomarxista que se llama populismo o socialismo del siglo XXI, vigente con distintos grados en Venezuela, Ecuador, Bolivia, Nicaragua y Argentina. El eje conceptual de este socialismo apunta al resentimiento y explica la relación política como liberadora de las masas contra la explotación, pero a diferencia del marxismo carece de una explicación de la explotación y de un método específico para terminarla. Sobre esto volveré más adelante al hablar del error de Caín.

En el marxismo, la «liberación» consistía en la eliminación de la propiedad privada sobre los medios de producción. Se suponía que el empleador privado se quedaba con la plusvalía y el remedio para cortar el sistema era la propiedad social de todos esos medios de producción, como paso previo para alcanzar el paraíso comunista.

El populismo como el nacional socialismo, en cambio, se limita a intervenir en la economía, pero no la socializa del todo salvo a medida que hace fracasar a las empresas. Es decir, en términos marxistas, se asocia a la explotación. El Estado entonces ya no es un «liberador de la explotación de la plusvalía», sino un administrador y socio de explotadores.

La lucha de clases adquiere carácter apenas emotivo en este socialismo del siglo XXI, y el ejercicio de la arbitrariedad en nombre del resentimiento, es todo lo que tiene para ofrecer de verdad. Entonces, se elaboran —en reemplazo de aquel sustrato teórico absolutamente refutado—, teorías sobre salvadores y su relación con todos los débiles, sean pobres o cualquier otra categoría que se ponga o cree como desaventajada. Es una legitimidad de la reivindicación móvil, pero no tiene ningún contenido económico en concreto que la explique.

Todo el sistema es parasitario del flujo productivo. Los recursos que se extraen al mercado, desincentivan las voluntades de quienes producen y hacen desaparecer los negocios marginales, generando a su vez más clientes para el sistema de reparto.

Nos resulta fácil ver la perversión del paternalismo en la esclavitud del pasado. Lo que ha cambiado no es la esclavitud, sino la consciencia moral de la sociedad sobre esa relación y lo que de verdad implica. Algún día pasará lo mismo con el paternalismo de cualquier tipo. Es una contaminación moral lo que está terminando con el sueño republicano, no una acción política en concreto.

Pero vayamos incluso más allá de la política. El paternalismo como problema moral, es perverso incluso fuera del poder organizado político-estatal. Aclaro, por lo tanto, que lo que voy a decir ahora no requiere un cambio político, pero sí una consciencia ética. Así como la mentira es condenable, aunque por sí misma no tenga consecuencias políticas salvo que sea el mismo aparato de poder el que mienta, tal cosa no quiere decir que haya que aceptarla como tal fuera del Estado.

En ese sentido, es paternalista y condenable como un abuso de unas personas sobre otras. Tanto aquella relación entre los médicos y el personal de enfermería con los enfermos que incluye una alta cuota de condescendencia y de aniñamiento del paciente, como lo es ese trato hacia los mayores y una buena parte de lo que se mal entiende como formas de caridad, sobre todo las que se centran en el otorgamiento de regalos a cambio de conceder formas más o menos reconocidas de adulación.

En ese sentido, me parecen especialmente rescatables algunos preceptos del propio cristianismo, no por la autoridad de la que emanan sino por su contenido. La caridad consiste en una obra de amor por otra persona. El amor como tal se auto-compensa. La forma de reconocerlo y diferenciarlo de la manipulación o de la prestación que espera una contraprestación, es aquella máxima del catolicismo, que hoy se ha olvidada, esto es «que tu mano izquierda no sepa lo que hace la derecha».

A mi juicio, ese axioma tiene un sentido muy profundo. El amor no compra ni siquiera parcialmente a la otra persona; el amor verdadero la reconoce como tal y la deja libre de sumisiones. El que ejerce un acto que parece ser generoso, en función de las miradas de los beneficiados o de terceros, no alcanza ese estándar. A menudo adquiere el vicio del encantamiento del que lo realiza con su propia persona y el sentimiento de su superioridad respecto de aquellos a los cuales provee, significando una relación paternal perversa entre adultos.

La caridad bien entendida se ejerce entre pares, no hacia «inferiores». Si el «pobre» es definido como inferior y no como un par, la dádiva tiene el valor de una propina, con la diferencia que la propina es explícita y clara. Si hay verdadera caridad, el otro ha de quedar en la misma situación de poder que antes; de otro modo debemos tomarlo como una inversión disfrazada de sentimiento. La caridad real fortalece las relaciones, pero no las altera como ocurre con una mascota que es alimentada y a cambio devuelve afecto. En la caridad hay una contraprestación y un beneficio, pero no es la disminución del otro, sino lo contrario.

La caridad como asimilada a la dádiva a los «pobres» es el producto moderno de la perversión paternalista, porque la caridad como acto de amor no tiene que ver con la provisión de bienes y servicios. Caridad es cualquier acto de afirmación del amor por el amor mismo, sin una recompensa en la alteración del vínculo. Diría que es una expresión de alegría del corazón que logramos cuando nos encontramos en momentos de plenitud. No es ver como nos vemos ante el beneficiario, sino la contemplación de su alegría como una forma de música y de belleza suprema, como la experimentamos ante la ficción cuando nuestros valores triunfan. La caridad bien entendida es el canto al valor por el valor en sí.

La caridad carece en absoluto de significado económico. La economía es un flujo sustentable de producción y distribución de bienes y servicios. La caridad no alcanza esa característica ni puede superar sus resultados. En cambio, opera sobre vínculos personales entre iguales.

Al revés de lo que tenemos asumido como consecuencia de la represión cultural al lucro, de todas las relaciones humanas, la de la dádiva es la que merece mayores disquisiciones morales y la que se presta a las más extremas confusiones. Fuera del comercio se dan las relaciones de poder. En el comercio, las prestaciones y contraprestaciones están establecidas; todo se encuentra sobre la mesa en la forma de un precio. Las partes se reconocen entre ellas como equivalentes, aceptan una los intereses de la otra y los combinan para obtener una fórmula beneficiosa para ambas. En la negociación, cada una trata de convencer a la otra de por qué lo que propone le conviene. No importa cuánta honestidad ponga en ello: de cualquier manera se reconoce el interés ajeno y se apela a la voluntad de la contraparte.

En los vínculos personales, nada es así de explícito y claro. Los valores de los actos muchas veces son sobreentendidos, manipulados, escondidos. La voluntad del otro es el objeto muchas veces del intercambio y no un producto. Pero, no es casual que desde el moralismo como paternalismo, se estigmatice al comercio y se ensalce el desprendimiento de lo «material» como pago de la supuesta culpa del lucro. En el comercio hay menos para decir, menos para inventar, menos para manipular. No deja deudas como las acciones sin contraprestación aparente.

Esto no implica que los actos comerciales son mejores o peores que los personales. Sino que los primeros son más simples de definir en lo ético y que si los segundos no han sido observados con suficiente desconfianza, es precisamente porque son vehículo para el poder de unos sobre otros. Los cultores del anti lucro, son cultores también del poder absoluto.

El paternalismo está en la base del laboralismo que se sostiene en el dogma de la desigualdad de las partes en los contratos de trabajo, que tiene origen, a su vez, en el pensamiento marxista de la lucha de clases. Por un lado, los empresarios fuertes y, por otro, los empleados débiles.

Hay muchas equivocaciones económicas en ese paradigma. En un mercado abierto de salarios, los empleadores deben pagar al nivel de ese mercado; la poca habilidad de negociación del empleado no juega ningún papel, sino que serán determinantes las claras alternativas que tendrá ese empleado de irse a trabajar a la empresa de al lado. Pero la teoría de esa supuesta desigualdad fatal gana adeptos en la política, porque si hay unos empleadores maléficos y unos pobrecitos empleados que son más en número y el político vive del voto, entonces ese político se lleva la cuota de poder que corresponde a su papel protector, a la vez que transforma a los asalariados en la materia prima de su posición dominante en la atracción de votos.

Llevar la asistencia personal a la categoría de mecanismo para solucionar las carencias, es una forma de utilizarlas para el ejercicio del paternalismo. Debe suponer la concepción de que una sociedad está hecha por criadores y criados, cuidadores y aves de corral.

Además de no tener valor económico el asistencialismo, por no generar un flujo de voluntades que se sostenga por los intereses de las partes, es directamente contraproducente por desincentivar la vida productiva. Las grandes capas de población que reciben dádivas no salen de su situación civil de asistidos y materia prima política.

En el año 221 a.C. se establece el primer imperio en China bajo la dinastía Qin, luego de que el señor del feudo del mismo nombre lograra someter a los demás Estados y unificara el territorio (que habían sido territorios en conflicto conocidos como Estados Combatientes). El método de unificación y concentración de poder Qin se llevó a cabo siguiendo los consejos del maestro Shang Yang, quién antes de ofrecerle una fórmula para el ejercicio del poder, le preguntó al señor si su deseo era ser un rey honorable y glorioso, pero débil como su antecesor, o hegemónico y poderoso. El señor de los Qin eligió la opción dos; entonces el Shang Yang le aconsejó, entre otros puntos, que se asegurara de que fuera del Estado no fuera posible vivir. La riqueza privada era un desafío para la centralización de su poder. Debía seguir una política estricta anti-comercio y mantener a los campesinos en la indigencia, permitiendo solo pequeñas satisfacciones de subsistencia de modo que siempre dependieran del emperador. Siguiendo ese consejo, prohibió los lujos, de modo tal que no hubiera incentivos para trabajar lo suficiente para obtenerlos. Los campesinos recibían tierras y tenían que entender, al pagar sus impuestos, que no había nada a lo que pudieran aspirar más allá de eso. No podían ser comerciantes ni enriquecerse, de modo que quedaran atados al emperador en una actitud de servidumbre. También siguiendo los consejos de Shang Yang el emperador unificó la moneda, la escritura y hasta los sistemas de medidas y desarmó a la población.

Lo curioso de estas políticas tan parecidas a lo que ocurre en muchos sistemas en la actualidad, es que se trataban de medios políticos de dominación absoluta. No pretendían tener fundamentos económicos, salvo para las finanzas del emperador, ni de asistencia o amor al prójimo y a la población más desfavorecida.

El equivalente del dispositivo político aconsejado por Shang Yang, es el paternalismo apoyado en otro elemento de gran valor para los objetivos de los dictadores, que es el puritanismo del lucro. Para el señor de los Qin, la prohibición del lujo es un objetivo político, pero el puritanismo del lucro lo ha convertido en un valor moral trascendente. No es una obligación con el emperador, cuya violación acarrearía un castigo en esta Tierra, sino una falta con el cielo, del que fuimos echados por la ambición y que ocasiona un castigo en el más allá.

La explicación occidental del mismo absolutismo Qin es que el mal se encuentra en el egoísmo y la ambición privadas, como lo sostuvo el Papa Francisco en el documento *Evangelii Gaudium* o *Alegría del Evangelio*, sin mostrar preocupación por el hecho de que, al identificar al «mercado» como el problema, estaba habilitando moralmente otras ambiciones de quienes detentan el poder y se satisfacen con el esfuerzo ajeno. Shang Yang tenía más claro a dónde iba.

Además de la violencia y el proceso de precios, hay otra manera de atender necesidades, que es la caridad. También es un método voluntario y lleva implícito un precio, pero no monetario.

Quién da obtiene una satisfacción que es mayor a la que obtendría del consumo de su donativo. En un estudio conjunto llevado a cabo por Elizabeth W. Dunn, Daniel T. Gilbert, Timothy D. Wilson[2] se sostiene que da más felicidad gastar el dinero en otros que en nosotros mismos. Lo cual es perfectamente compatible con el mercado y la idea de que la acción humana en

---

[2] Elizabeth W. Dunn, Daniel T. Gilbert, Timothy D. Wilson, «If money doesn't make you happy, then you probably aren't spending it right», *Journal of Consumer Psychology,* 21 (2011), pp. 115-125.

cualquier caso está guiada por la propia satisfacción. El estudio sugiere, justamente, qué es lo que produce más satisfacción (en proporción) a la hora de gastar. No es una observación sobre la felicidad de los otros, sino sobre la propia.

A su vez un estudio que podríamos considerar complementario del anterior, sugiere que el bienestar del sujeto es correlativo con la predisposición a donar a la que se llama «altruismo».[3] La correlación no es causa, pero parece haber un vínculo entre el hecho de que nos sintamos bien y que hagamos cosas por los otros. Por lo tanto ese «altruismo» podría ser la otra cara de la moneda de la satisfacción del ego. Con lo cual el plan político culpabilizador que invita a «sacrificarse» por los demás, se desploma en sus fundamentos. Sin que esto sea una conclusión del estudio, sino mía.

Los precios no monetarios son aquellos que el mercado no puede resumir en un número en moneda. La desventaja del procedimiento estrictamente personal y no comercial en la satisfacción de necesidades de bienes y servicios, se encuentra en la incapacidad para generar el suministro sostenible de aquellos por no generar un flujo siquiera equiparable. Una transacción caritativa no es el antecedente y el incentivo de la siguiente acción que provea el mismo bien o servicio ni incentiva a la participación de terceros del mismo modo que en el comercio. En el mercado monetario, el alto precio por un servicio o producto novedoso atrae a otra gente para producirlo. Fuera de los precios monetarios, estas ganancias se conocen por testimonios directos y las experiencias no son fáciles de generalizar hacia otras personas. Su importancia económica, es decir su capacidad para resolver el problema de la pobreza, es menor.

Esto no significa restarle importancia en el campo afectivo y social donde cumple otro papel entre las partes. Cuando digo

---

[3] *Geographical Differences in Subjective Well-Being Predict Extraordinary Altruism*, Kristin M. Brethel-Haurwitz y Abigail A. Marsh, Psichological Science.

social, no me refiero nunca a eso que se conoce como «política social» o de reparto, ni lo relaciono con clases sociales ni cosa parecida; hablo de vínculos entre personas que se establecen, fortalecen o debilitan. En este caso, la caridad, que tampoco se reduce al pase de recursos de ricos a pobres, sino a encontrar satisfacción en satisfacer a otros.

Por ejemplo, nadie piensa que los regalos en los cumpleaños satisfacen las necesidades de supervivencia de los agasajados. Los regalos en los casamientos están destinados a proveer al nuevo matrimonio de un stock inicial, pero serán los contrayentes los que aportarán el flujo. El fin del regalo es sobre todo afectivo, no económico. Con la caridad ocurre lo mismo: no es un medio de resolver problemas económicos, sino a lo sumo, alguna circunstancia en particular o emergencia. Sí genera una utilidad emocional.

La caridad ni siquiera se la puede concebir como una acto original, dado que requiere una acción económica previa. No se puede regalar lo que no se ha producido, lo que no se ha ganado, en un intercambio utilitario.

El riesgo está en que la dádiva también puede convertirse en una forma de ejercer poder y puede ser un medio para expiar culpas merecidas o inmerecidas. Esto es lo que la asocia a la política en cuanto al reparto de bienes obtenidos compulsivamente de quienes eran sus dueños. En este caso, el efecto es antieconómico, desvía a las personas hacia actividades improductivas y afecta la capacidad de los supuestos beneficiados para insertarse en el flujo económico.

La situación tiende a prolongarse, dado que no hay incentivos para cortar el apoyo oficial por ninguna de las partes. Los beneficiarios, porque se acostumbran a recibirlo y los políticos, porque les sirve para manejar grandes presupuestos, sentirse halagados y contar con gente vinculada a ellos de un modo casi esclavo. El populismo es la explotación directa de esa relación, convirtiendo a grandes porciones de la población en servidores personales del político.

Capítulo VIII

EL PATERNALISMO SIN OBLIGACIONES

El paternalismo provee de manera muy ineficaz, porque tiene que destruir para distribuir. Ese es el efecto del uso de la autoridad en el proceso productivo (que también es distributivo), en lugar de los acuerdos de voluntades. Cuando hablo de autoridad en este caso, no incluyo el comercio de servicios, donde la obediencia es una prestación elegida y paga, y por lo tanto contribuye al flujo.

La autoridad del paternalismo quita recursos sin aportar. Su producto no es el bienestar, sino el vasallaje. El bienestar es el falso elemento legitimador.

La paternidad real como el vínculo paterno filial, en cambio, provee lo que produce. El padre en ese caso no vive de los hijos.

El paternalismo se sostiene en la ilusión de la protección, la santificación de la recaudación y la privatización de las prestaciones. Es un negocio político parasitario.

Las obligaciones «paternas» se pasan a terceros; los beneficios políticos sin embargo se concentran.

Un ejemplo de esta dualidad lo dio la presidente argentina Cristina Kirchner, cuando se jactó en una conferencia de prensa sobre el final de la cumbre del G20 del 2013, de haber bloqueado una mención en el documento final a la necesidad de una flexibilización laboral en los países en crisis.

Flexibilización laboral equivale a que las empresas puedan despedir cuando quieran al personal que contrataron cuando quisieron.

Un trato se inicia y se termina y las partes son libres de empezarlo y de terminarlo. También puede ser que las partes revean su relación para adaptarla, en el caso de algún cambio de circunstancias desfavorable o favorable. Las empresas también conceden aumentos para conservar personal. La flexibilidad que está prohibida es la que deteriora las ventajas de corto plazo del empleado. No se puede decir que la rigidez está hecha en su beneficio porque el mantenimiento del contrato puede interesarle más a él mismo que el nivel circunstancial del pago por muchísimas razones. La rigidez responde a un criterio externo del legislador. Alimenta el dispositivo político y nada más.

Como supuesto de este intervencionismo laboral, está la inferioridad del empleado, y en eso reside la dominación.

Es un error económico ignorar que los salarios dependen más de todas las flexibilidades, incluida la laboral, porque son condición para que las contrataciones ocurran sin temor a no poder salir de ellas. Cuanta más demanda laboral haya mayores serán los salarios y beneficios en general que recibe el empleado. No es cuestión de que exista un «justiciero» que someta al empleador. Los otros empleadores actuales o potenciales miran.

Ese problema económico no le interesa a la política ¿Por qué? Porque en el empleado está el número, en el gobierno la fuerza y en la empresa los recursos. En la medida en que en el número esté la legitimidad, la fuerza tiene al aliado perfecto para asaltar los recursos y que se lo tenga que aceptar. No habrá documento religioso que condene esta forma moderna de esclavitud.

El error en cambio le interesa al asalariado. Es quien tiene que entender que está siendo engañado como tantas veces y de las más diversas maneras siendo sometido, en su supuesta condición de inferior contenida en el paradigma.

A primera vista, la decisión empresaria perjudica al empleado, pero profundizando tal vez no sea así. En una situación de libertad contractual, un empleador que le ofreciera a un empleado reducir su salario dado determinado contexto, estaría intentando mantener el vínculo y al empleado podría convenirle, si carece de alternativas mejores a mano o entiende que la medida puede ser temporal. Por tanto el asumir ese costo en el largo plazo resultaría en una ventaja. En caso de que no le conviniera, el empleado se iría.

Comparar la reducción del salario con el salario ideal, sin embargo, es siempre desventajoso. El mercado no trabaja con ideales, sino con alternativas disponibles. Con (mercado quiero decir todos nosotros, los que no imponemos nada a nadie.

La idea de la rigidez laboral no procesa estas sutilezas. Para esa visión, de lo que se trata es de prohibir todo cambio en contra del trabajador a los ojos de un tercero, con un criterio objetivo y absoluto, por completo divorciado de las circunstancias de las partes y muy vinculado a las convicciones o estética moral del regulador; sobre todo a su visión de sí mismo como un protector. Es apenas una estética moral, porque es como una sensación superficial, pero que en el fondo significa anteponer la propia imagen a la consciencia. En el mejor de los casos.

Ceder no es malo en sí; las propias empresas lo hacen todo el tiempo y sus accionistas no denuncian a los administradores por haberlos perjudicado. Es parte de la vida diaria y cuanto mayor libertad exista, más transacciones se producirán, mayor será el suministro de bienes y servicios y la capitalización. Si el empleador se equivoca a la hora de intentar bajar cualquier costo, lo pagará.

Pero veremos como todo tiene relación con lo que dije al principio de la privatización de las obligaciones paternales para quedarse con el puro poder que se reclama como protector para ser ilimitado.

No es que se gana más aumentando el precio de un producto o servicio que se vende y se gana menos en el sentido contrario. Se trata de encontrar un óptimo que se corroborará al comprobar (o no) que el flujo de voluntades necesarias para insertarse en el proceso productivo continúa, aumenta en nuestro favor o en nuestro perjuicio. Las voluntades externas perjudican el proceso. Sus referencias están en un estándar externo que nada tiene que ver con el modo en que eligen participar los que colaboran, pero sí tal vez con el modo en que esos mismos colaboradores votan.

Que tener mayores ingresos es un beneficio, parece muy obvio. Pero habría que agregarle la condición *ceteris paribus*, es decir, manteniendo todas las demás circunstancias iguales. Por ejemplo, mucha gente puede renunciar a un ingreso mayor para irse a vivir a su pueblo natal donde están sus afectos. En el mismo trabajo, pueden existir diferencias de circunstancias que cambian el valor de lo que parecía tan obvio. Prohibir las bajas de salarios porque el legislador supone que cuando el empleado eventualmente las acepte, será porque es un esclavo o está disminuido en sus facultades de decisión, implica negar todas esas posibles razones que puede tener para aceptarlo y considerarlo la mejor alternativa. Porque «alternativa» no figura en el diccionario del idealista, sobre todo cuando nada particular de él está en juego y puede dar rienda suelta gratis a su irracionalidad.

Hay, por lo menos, cierta pereza culpable en esa mirada tan moralista sobre lo que hacen o deciden los demás. En realidad, no debería usar la palabra moralista, sino disciplinadora, porque cuando se quiere regir lo que hacen otros, ese es el término que corresponde. Pero la uso admitiendo el punto de vista del regulador que quiere meterse donde no debe y que por más que sea advertido de que su medida es contraproducente, la ratificará sin escuchar. La única explicación que puedo encontrar a esa obcecación, es la culpa, la falta en función de un cierto cielo que está siendo traicionado y que no permite ver la realidad en concreto. Ahí está esa imposición moral metida en la economía, donde pasan cosas entre personas que solo pueden explicar las mismas personas y hasta cierto punto.

La rigidez laboral como remedio, cuando la gente padece despidos o empeoramiento de cualquier condición de trabajo, obedece a la suposición de que todo problema se origina en la maldad de quienes en algún momento hicieron posible que las condiciones anteriores existieran: esto es, el empleador. Es decir, el empresario un día toma su dinero, compra máquinas y demanda trabajo. Crea esos puestos, agrega algo a este mundo que no estaba antes. A partir de ahí, se lo empieza a ver como una amenaza. Si deja de hacer lo que estaba haciendo, él es el culpable y no el resto de la humanidad que no ha creado nunca esas condiciones, que él sí creó alguna vez.

La maldad es la atribución más brutal que se tiene a mano para todo lo que le pasa. Pero estos problemas no tienen nada que ver con maldad, así como el trabajo que tenía un señor antes de ser despedido, no tenía nada que ver con la bondad.

Lo que se asume es, más o menos, que en el reino de los buenos las personas tienen que estar tranquilas y tener lo que necesitan; cuando esto no se cumple tal vez bailemos la danza de la lluvia, tal vez sacrifiquemos un animal o alguna virgen del pueblo para calmar a los dioses que han provocado estos problemas por el pecado que hay en el hombre. Y si no, como ya estamos en el siglo XXI, directamente hacemos responsable de la cuestión al empleador del momento y creamos un ministerio de trabajo. Para quienes glorifican al Estado ante el problema de la persona despedida, quién tiene que ser compelido a no despedirla u obligado a indemnizar es el empleador, no la sociedad o el propio Estado protector. En esto consiste la privatización de la paternidad. El padre verdadero provee a cambio de la protección. El padre laboralista deja a sus protegidos a cargo del vecino a quien acusa de ser el causante de los males.

Una empresa es mirada por lo que no da o por lo que ya no da, no por lo que da ¿Por qué? Porque no tener algo es un defecto respecto de un paraíso y la mejor forma de responder a esa falta, es atribuírsela a alguien y no hay nadie más disponible que el que da la noticia. El poder político es un facilitador del sacrificio;

que lo haga rápido y ya. Total la empresa es una maquinaria de producir recursos; que cargue con la cuestión. Es algo «material» nada más y por lo tanto digno de sacrificio.

Hay un producto político en casi todos los países, que se llama «salario mínimo». Es el nuevo caballito de batalla del presidente Barak Obama a partir del discurso del Estado de la Unión en 2014.

No es un paraíso el salario mínimo; en el paraíso no hay mínimos ni máximos, se trata de la ausencia de la escasez. Sería, en cambio, un poco de paraíso, como si el legislador se diera cuenta de que hay un límite para los sueños también. Pero el problema no es el límite, sino la mirada fantasiosa. Los ingresos de cualquier magnitud no se consiguen imaginándolos, ni haciendo la cuenta de cuánto es lo que se necesita para hacer determinadas cosas. La cosa no se resuelve con una moralina sobre los salarios acotada (mínima), el problema es poner el objetivo como regla política, en lugar de entender la lógica por la que existe un salario de cualquier dimensión en primer lugar: la producción. Antes incluso de la producción la especulación sobre la posibilidad de ganar algo y que al final que esas expectativas se cumplan. Entonces, se habrá obtenido un resultado que no hay que comparar con ninguna canasta de logros mínimos, sino con lo que se hizo para obtenerlo y las otras alternativas que había para volcar la propia energía en ese esfuerzo. El que logró pagarnos algo, corriendo los riesgos, no es culpable de lo que no ganamos sino causante de lo que sí ganamos, aunque nos parezca poco. Esa es una enorme diferencia.

En el cuento del salario mínimo, lo que era una ganancia que empujaba un flujo que permitía dar buenas noticias, se convierte en un quebranto en relación a un piso decretado, que compromete el futuro del flujo en sí. Se renuncia a lo posible en función de un cielo psicológico que, en los hechos, está cada vez más lejos.

Los empleadores, salvo que el salario mínimo sea tan bajo que sea nominal, con la anuencia de los empleados tratarán de sortear la regulación para acordar lo que les conviene acordar. Sus comportamientos serán diferentes y se desharán de quienes no estén dispuestos a coludirse para salir de la regulación. Los inquisidores tomarán todas esas conductas que han provocado, como la comprobación de que todo era un problema de maldad y sostendrán que el castigo de un padre poderoso es la única solución razonable.

Con las prohibiciones o estorbos al despido, el empleado al que se pensaba despedir o con el que se quería renegociar otras condiciones, dejó de ser un recurso, para convertirse, después de la regulación laboral, en un gasto improductivo. Total, lo disolvemos entre el resto de las ganancias y mientras la empresa se mantenga en pie, parece que el resultado se obtuvo de modo gratuito. Pero lo bueno que deja de pasar, no puede aparecer en ninguna contabilidad. Por eso que la contabilidad no es economía.

Lo curioso del paternalismo —y aquí viene lo del principio—, es que se nos presenta como la respuesta política a todas las necesidades y es el principal detractor de la actividad empresaria como mezquina y desalmada. Pero cuando tiene que hacer el bien por ese empleado en problemas, le pasa la cuestión a los avaros en lugar de asumirla. Se queda con el aspecto compulsivo de la paternidad y se deshace de los problemas.

Lo hace también por razones contables. Si el llamado «derecho a un trabajo digno» fuera satisfecho con un empleo público, el contraflujo, ese recurso que se convirtió en costo, entraría en sus cuentas y además a la larga, le significaría aumentar impuestos que le ocasionaría costos políticos. En cambio, dejando a sus hijos en manos del lobo (así definido por el protector), ningún contador se enterará de la destrucción ocasionada.

Me imagino a mucha gente leyendo esto y entrando fácil en el juego de buenos y malos, para juzgar lo que estoy describiendo como un defecto de mi alma o de mi sensibilidad. Pero soy bastante normal, me ocupo de este problema porque me preocupa; no me están despidiendo ni me están reclamando una indemnización laboral, ni tampoco estoy despidiendo a nadie. Quién me quiera ver de ese modo, no estará haciendo ningún bien para compensar mi supuesto mal. Pero se repetiría el mismo juego expiatorio de una culpa inútil.

Dejar un problema como cuestión a resolver, sin asegurar una solución mágica, implica despertar la angustia de falta de cielo. Nadie atrapado por esa idea quiere pasar por eso. La salida tradicional es prender la hoguera, en la cual quemar a los herejes para poder salirse de ese lugar.

La medicina no trata con el poder político igual que la economía. Se espera que un médico indique cuándo hay que operar y cuándo hay que dejar la sal. Ambas son malas noticias, porque lo ideal es estar saludable. Nadie espera que el médico mienta o minimice las consecuencias de no seguir sus indicaciones. La economía desde que es economía, en cambio, está directamente relacionada con el sostenimiento del poder político. El comercio compite con la autoridad política. Ganar espacio para los arreglos privados es algo que ocurre en detrimento del poder político. De ahí el interés de evitar los diagnósticos y promover la brujería. La economía es una ciencia alterada por esta situación. La persecución al médico, por decirlo de algún modo, el interpretar que sus pronósticos son maldad, responde a grandes incentivos de manipulación de las personas. Por eso la lucha principal de la libertad no es la ignorancia económica sino el sometimiento paternalista, la política como engaño.

Si miráramos a la empresa por lo que es y no por lo que no es, por el beneficio que otorga y no por los infinitos beneficios que no otorga, por sus posibilidades y no por sus errores inclusive, dejamos de culpabilizarla y disfrutamos de sus logros. El legislador en ese juego, se queda mirando.

No juzgamos a nuestros amigos por todas las veces que no llegaron a estar con nosotros cuando los necesitamos, sino que recordamos cada una de las ocasiones en que sí estuvieron; de otro modo no tendríamos ni uno solo. Las empresas no son amigos, pero nosotros tampoco somos amigos de las empresas. Un día un señor pone un capital proyectando hacer un negocio y nos cruzamos en su camino. Nos contrata, le servimos y nos sirve lo que nos ofrece. En algún momento eso puede dejar de ocurrir, a juicio de cualquiera de las partes; pero queremos transformar con el poder político en eterno lo que por su naturaleza, no lo es. Cuando aparecen los problemas, olvidamos lo que la empresa nos dio, para concentrarnos en lo que dejará de dar. Acá no actuamos ni siquiera como contadores: esa es una balanza con un debe y sin haber.

El problema es que todo esto no hace más que generar un ambiente en el que ya no es tan conveniente en el futuro estar en la posición del señor que había invertido su capital. Nadie podrá hacer la cuenta de cuántas relaciones no se establecieron por medir a los que hacen por lo que no hacen. Siempre con esa referencia tan agobiante en el cielo: en el defecto, en lo que falta.

Capítulo IX

EL CONTROL
DE LO INCONTROLABLE

Hay dos clases de economistas: aquellos que estudian como funciona la economía y aquellos que a través de sus rudimentos intentan imponer su valores mediante el poder político. Los últimos vienen con un programa para hacer que las cosas sean como deben ser, porque creen que son cirujanos que actúan sobre un cuerpo que, en su desajuste respecto a sus expectativas, se comporta de modo equivocado.

Los primeros no es que carezcan de ética, pero así es como quieren verlos los segundos. Los primeros, simplemente observan la realidad antes de hacer juicios morales, porque no construyen juicios morales en base a estándares paradisíacos, ideales o revelaciones. Justifican, en cambio, sus actos y aceptan lo que ven. Lo que se ve no es un cuerpo: son individuos siguiendo preferencias en base a apreciaciones subjetivas sobre lo que les pasa, sus alternativas y posibilidades. Los individuos hacen lo que entienden que deben hacer para estar mejor y tienen una idea más acabada que cualquier observador externo acerca de sus prioridades.[1] La única ética que puede resultar después de entender cómo funciona la producción y distribución de bienes y servicios, es el respeto.

---

[1] En «El uso del conocimiento en la sociedad» Friedrich von Hayek, explica a partir de la dispersión de la información, la imposibilidad de que una autoridad central cuente siquiera con los conocimientos necesarios para planificar.

Hay, me parece, una clara diferencia en la actitud ante la existencia en sí, entre los economistas interventores y los economistas observadores. Los segundos a la política no le sirven de mucho; los primeros son sacerdotes, cazadores de brujas, gente que hará ver al dictador como un justiciero.

Esos valores que abren paso a la intervención, siempre adquieren el formato de ideales superiores, algo a lo que adhieren y que con la sola adhesión los hace ver bien, a la vez que colocan a quienes no los siguen en falta, es decir, en deuda. Los actos y las personas son valiosos, en la medida en que se acercan a esos ideales que requieren de ellas el sacrificio. Porque todo lo que las personas, en realidad, quieren es bajo. Lo alto es producto de la autoflagelación. La obediencia es el camino.

La categoría de «mundano» en oposición a «sublime», se crea con el fin de generar la falta, y con la falta, el camino a la salvación cuya llave encima tienen pocos. A ese fin, nada mejor que hacer al pecado algo inevitable, que le quepa a todos por el simple mecanismo de asociarlo con los impulsos vitales del individuo. Que son también los impulsos del juzgador, pero ese ya se habrá puesto por encima y eso lo liberará.

En paralelo a toda esa manipulación, los individuos construyen y elaboran reglas éticas como una manera de potenciar su felicidad y satisfacción. Esas reglas éticas no están basadas en una salvación de unas supuestas faltas, sino en agregar valor a cada una de las vidas involucradas. En esa elaboración de reglas también hay errores y correcciones. Es la ventaja de no depender de gurúes ni de revelaciones. El error es el mejor testeo disponible, la alternativa a la revelación. Prácticas del pasado que eran aceptadas incluso por las religiones, van siendo descartadas y luego aborrecidas. La esclavitud explícita es una de ellas, el trato a los animales condenando la caza deportiva es otra.

El idealismo y el mercado se llevan muy mal por ese motivo. Son dos formas de ética de naturaleza opuesta que compiten. El mercado es el lugar de las instituciones tendientes a resolver problemas y conseguir objetivos individuales. El idealismo es el lugar de esclavizarse, mediante estándares inalcanzables para purificarse; es el ámbito del poder. La ética del mercado es mundana; el idealismo la desprecia, se ve a sí mismo noble. El mercado puede ser explicado a través de unas ideas que surgen de la observación y comprensión. El orden ideal utópico responde a dogmas y mitos adornados de una estética funcional.

La economía y las ciencias en general que tratan con lo humano, no logran desprenderse de esa mirada hacia arriba y al pecado. Carl Marx elaboró su teoría de la explotación —sobre la base de la dialéctica hegeliana para sostener la lucha de clases—, a partir de la noción de valor económico introducida por Adam Smith, quién pensaba que las mercancías valían en relación al trabajo aplicado en ellas. Pero se equivocó de cabo a rabo. Si esa idea fuera correcta, los libros, por ejemplo, valdrían por su número de páginas.

Sobre ese error, Marx concluye que el trabajo asalariado es una forma de explotación y de robo de un «plusvalor» que se quedaba el empresario que no ha aplicado trabajo al producto. Si lo que le da valor al bien es el trabajo, todo el precio de la venta correspondería a los empleados y el empresario sería un ladrón. Con ese punto de partida, Marx no tiene más remedio que ver al empleado como un esclavo, porque no tendría lógica que alguien acepte ser robado de un modo tan sistemático y permanente, en lugar de deshacerse del empleador. Ese sometimiento a los ojos de Marx ocurre por la propiedad privada.

Marx tiene la ventaja para el mundo idealista de ver a la economía como la guerra entre los buenos y los malos; las mentes místicas se ven atraídas por la épica que contiene su explicación de la ciencia y no querrán aceptar otras formas de entender el fenómeno, porque entonces habría que dejar el idealismo y al dejar el idealismo se perdería el amor propio del idealista que se siente un cruzado por la justicia.

En cambio, un estudio no maniqueo de la economía lleva a conclusiones como que el valor de las mercancías es subjetivo, que la gente intercambia cosas porque las valora de manera distinta (prefieren lo que dan a lo que reciben), que la igualdad es un falso concepto: en primer lugar, por esa subjetividad y en segundo lugar, porque pensar en ella detiene el proceso de progresar, que es lo que la gente busca. El empresario no es un explotador, sino un descubridor de lo que el cliente valora y un organizador de factores para satisfacerlo que asume el riesgo. En ese sentido, es él quien descubre tanto el valor del trabajo como el del capital. El idealista no quiere ver nada de eso, porque entonces no hay buenos y malos. La vida pierde sentido para ellos sin dragones, sin castillos, sin todo lo que ha rodeado a la historia del poder y del abuso por el que el mundo ha sido regido por minorías parasitarias mediante perversas ficciones y todo tipo de guerras inútiles.

La igualdad es, en cambio, la única explotación. Los que están peor necesitan a los que están mejor; el proyecto de la igualdad detiene la diferencia, la ventaja. La igualdad explota a sus supuestos beneficiarios tanto como a sus víctimas declamadas. Un pobre necesita a un rico, un locatario a un locador, un enfermo a gente sana. Si lo único que sé hacer es hacer tornillos, necesito la visión de alguien capaz de diseñar un automóvil, que consiga el capital para hacerlo y que corra el riesgo. No necesito un predicador y juez de los demás.

El sistema de precios es un campo fértil para que los místicos proyecten sus fantasmas y, por eso, aunque nunca obtienen los resultados que buscan al intervenir, no renuncian jamás seguir haciéndolo y se la pasan obsesionados por encontrar algún lugar donde el socialismo haya funcionado, porque con el socialismo sobreviviría y se sentiría moralmente convalidado el autoritarismo. El mercado lo transforma en inútil, pero también en inmoral.

Los intervencionistas quieren ver en los precios un castigo que los empresarios imponen a los consumidores por su maldad, y es por eso que cada tanto se vuelven populares los intentos de controlarlos. La idea sería que el empresario explota tanto a los trabajadores como a los consumidores, aunque si los trabajadores se quedaran con las ganancias empresariales, los explotadores de los consumidores pasarían a ser ellos.

No importan estas contradicciones; lo importante es mantener la visión moral y el motivo para hacer «justicia»; la diferencia entre lo que se quiere y lo que se debe, el impuesto moral. Lo cierto es que si los políticos comprendieran qué cosa es un precio, se suicidarían en masa ante la evidencia de la irrelevancia de la que ellos creen que es su misión en la vida.

Me gusta definir precio en términos jurídicos como *la tasa a la cual una transacción ocurre sin violencia*. Ofrezco duraznos que tengo sin que nadie me obligue, a cambio de tomates que mi vecino me entrega también de forma voluntaria. El me da dos tomates y yo un durazno. En la negociación quiere darme un solo tomate, pero para mi no es suficiente porque un señor que conozco acepta un solo durazno por el par de tomates. Cuando vecino acuerda con mi propuesta (o yo la de él), la transacción se produce. Ahí tenemos un precio: cada durazno cuesta dos tomates. Hay dos ganancias subjetivas en ambas partes que valoran lo que reciben más que lo que pagan.

Para facilitar las transacciones, la moneda aparece como una mercadería intermedia a la que se refieren todos los bienes. Entonces ya no tengo que encontrar a alguien que me quiera comprar lo que quiero vender y me dé a cambio lo que quiero comprar. Le vendo duraznos a cualquiera que lo quiera a cambio de dinero y después compro los tomates a otro señor y una vez que ambas transacciones ocurren, tendré dos precios en moneda, el del tomate y el del durazno. El dato es que ambos precios permiten a terceros saber qué cosas preferimos a otras, basándose en algo tan sencillo como el modo en que elegimos. Eso es lo que el precio dice. Por lo tanto, si su utilidad consiste en que suministra la valiosísima información del modo en que elegimos, controlar eso no nos sirve de nada. Lo que es peor, es francamente estúpido controlar el proceso que solo nos permite conocer cómo se comporta la gente cuando no es controlada.

El precio tiene importancia en la economía porque informa sobre acciones voluntarias. El elemento no violencia de la definición es el de mayor importancia. No únicamente por razones morales, que podrían ser suficientes, sino a los efectos de planificar nuestros próximos pasos. Solo bajo esa condición estoy seguro de que alguien va a querer entregarme lo que quiero a esa tasa. No habrá nada que forzar, porque el precio es producto de una relación que se ha dado porque las partes la pactaron por propia voluntad.

Los precios son la historia inmediata de lo que lo oferentes y demandantes han hecho en su propio beneficio. La información sobre ese vecino que daba dos tomates por un durazno, me lleva a tocarle la puerta y lograr con él un negocio conveniente para ambos. Si las partes no prefirieran lo que obtienen a lo que dan en el intercambio (si el precio no les resultara conveniente), se quedaría cada una con su propia mercancía. Esa historia nos permite hacer predicciones provisorias sobre el futuro, sobre lo que podemos conseguir de los demás y a qué costo (dando qué).

Toda la economía está hecha de precios. Cada cosa que tenemos es producto de infinitas decisiones de comprar o no comprar, vender o no vender, que se tomaron para que llegue hasta nosotros. El sistema de precios es un inmenso flujo de voluntades. Ese es su único valor.

Cuando Adam Smith inicia su estudio de la economía titula a su obra *Una investigación sobre la naturaleza y causas de la riqueza de las naciones*. Su punto de vista es el del observador que mira cómo ocurren las cosas. Lo más conocido de aquel libro es la metafórica «mano invisible» que parece guiar la producción y distribución de los bienes en ausencia de una autoridad que la guíe. No se ve ninguna mano, pero igual todo pareciera seguir un plan. La brujería de pasar de la observación a la intervención vendría después, pero Adam Smith, aún cuando no resuelve el problema del valor, se manifiesta asombrado de ver un orden espontáneo. Persiste en él la asociación metafórica con una autoridad ordenadora, lo que nos informa de un sobreentendido cultural que está en el fondo de todo el problema.

Cuando cambiamos la condición de voluntariedad, desaparece el precio y desaparece toda posibilidad de predecir. Al aparecer el controlador de precios, a obligar al proveedor de mi vecino a entregar algo a cambio de una cantidad que no quiere, la información de esa tasa de intercambio obligatoria no me sirve para dar por sentado que se repetirá en otra operación en los mismos términos, sin la intervención personal del controlador. No sabré tampoco si, aún utilizando la fuerza, el proveedor conseguirá abastecerse de lo que necesita para satisfacer a su vez mi pedido, porque al haber cambiado para él las condiciones, ya no estará dispuesto a pagar lo mismo por los insumos. A partir de que se cuela la violencia en algún lugar de la cadena, los comportamientos serán diferentes, porque los participantes ya no actuarán por propio beneficio. Esa es la realidad con la que se encuentran los intervencionistas cuando controlan una transacción y se les desordenan las que le servían de antecedente. Comprueban que tienen que establecer la vigilancia sobre todas las operaciones, porque las mercancías no aparecen o los servicios ya no se prestan.

El control de precios es el reemplazo de la voluntad por la violencia. Precios o palos, son las alternativas y se ha comprobado en cada experiencia de intento de controlarlos.

Si sé que en la calle por la que pasaba todos los días para ir a recoger mis duraznos se ha instalado una pandilla, ya no paso por esa calle y por el mismo motivo si sé que hay un funcionario que me dirá cuanto tengo que pedir por mis duraznos, me puedo dedicar a otra cosa o decidir producir menos duraznos, pero lo que es seguro es que mi motivación para comportarme como antes del cambio de condiciones, no será igual. Esa motivación era una garantía de continuidad que tenían mis compradores potenciales a futuro.

Los comportamientos no solo cambian por cuestiones de violencia. Mi vecino tal vez se enamore de la panadera y deje el negocio de los tomates. Entonces, para conseguir dos tomates puede que tenga que viajar hasta otro barrio y me cambien los costos, o que al haber menos cantidad después del retiro de mi vecino, otro vendedor haya descubierto que le aceptan un solo tomate por cada durazno, o cualquier circunstancia ajena a la voluntad de cualquiera que altere sus decisiones, como una sequía o una plaga.

La diferencia entre la violencia y estos otros cambios en los precios, es que en la segunda alternativa puedo corregir mis expectativas y seguir planificando y se trata siempre de información sobre voluntades, lo cual me da seguridad. El mercado (mi vecino, usted y yo) corrige todo el tiempo los precios a medida que cambian los comportamientos. Los comportamientos, a su vez, cambian por las cantidades de bienes disponibles, por los costos, es decir otros precios (otras voluntades) intermedios que se generan para conseguir los bienes últimos que se desean, porque ocurren cambios de clima, de deseos de la gente, avances tecnológicos, etc. El propio incremento de la producción hace bajar los precios a medida que hace más abundantes las mercaderías.

Pase lo que pase en el proceso del mercado con todas esas voluntades pronunciándose, nos llegan en última instancia unos números monetarios que son la información resumida sobre como decide la gente y cómo cambia sus decisiones, de modo que podamos tomar las nuestras con los mayores elementos de juicio.

Ese flujo al que llamamos mercado requiere un respeto a las reglas de juego; las personas tienen que ser libres y ser dueñas de sus bienes y sus medios de producción. Eso permite ahorrar y adquirir bienes de capital que son bienes que se utilizan para fabricar otros, herramientas, máquinas, como por ejemplo, una cosechadora de duraznos, que me facilitará aumentar la producción y obtener mayores ganancias aún con precios menores. Estas son normas éticas que se consagran en la vida social pacífica y se convierten en criterios jurídicos, esto es el respeto y sus consecuencias. Son las que compiten con la manipulación y los fantasmas.

Dado que la voluntariedad del precio es lo que le da sentido como dato económico, su control por los políticos es de una futilidad extrema, un completo sinsentido. No digo solo que es ineficaz, que lo es como acabo de mostrar. Es un sinsentido, porque no hay una razón para que quiera el funcionario establecer precios, si lo que busca es quedarse con mis duraznos y obligarme a recibir una determinada cantidad de tomates; es decir, si la voluntad de quienes actúan en el mercado no les importa. Es, más o menos, como preguntarle a un señor con qué señorita quiere bailar para después de tener una respuesta, asignarle otra que no hubiera elegido ¿Para qué preguntarle?

La intromisión del funcionario no resultará en un precio, sino en un asalto, sin valor alguno como dato económico. A lo sumo, se puede tomar con el mismo valor que se le asigna al índice de criminalidad, como una forma de calcular el costo de sobreponerse a la arbitrariedad.

Un gobierno fijando precios es tan estúpido como un asaltante que se ocupe de decir que las billeteras llenas de dinero que roba son gratis porque él no ha pagado por ellas. Habría que explicarle que no ha logrado cambio alguno en los precios que le permita hacer esa afirmación: ha saltado por encima de ellos igual que el controlador. La tasa de cambio entre un asaltante y un asaltado para la economía como ciencia y como práctica, no significa nada. Es información de la sección policial. Los precios refieren a lo que las personas hacen o no hacen en el mercado por sí mismas. Los llamados precios controlados apenas nos informan lo que quiere el gobierno, así como el asalto nos indica lo que quiere el asaltante. Pero como ni el asaltante ni el gobierno son proveedores, su voluntad como acto de fuerza es inútil a los fines económicos. Son dos mundos aparte, el de la economía, las transacciones voluntarias y el de los asaltos y los gobiernos dando órdenes.

Sin la voluntariedad, el precio no reuniría la información que necesitamos para lograr una transacción. Puedo saber con bastante precisión y salvo que se dé un cambio de condiciones, que con un durazno conseguiré dos tomates en el mercado. En cambio, cuando interviene la violencia, necesitaré además cuantificar la violencia cada vez que quiero conseguir una mercancía. El pago del precio es la forma de obtener de los otros algo sin atacarlos y hasta sin juzgarlos. Para conseguir lo mismo a un «precio oficial», tendré que contar con que el Estado va a estar para hacer cumplir la entrega. En caso de que esté, todavía me faltará saber si el proveedor del vendedor sigue entregando los insumos necesarios ante el cambio de condiciones que también habrá ocurrido para él. Todo eso, por cada una de las transacciones , dado que nadie hará las cosas por sí mismo.

Con los controles de precios nacen los llamados mercados negros, donde la gente busca alternativas voluntarias de adquisición de lo que necesita, porque en las góndolas donde la violencia oficial se realiza, los productos desaparecen.

La política metida en los precios hace imposible ponerse de acuerdo; apenas puede lograr una prohibición de transacciones generando faltantes y sobrantes, sin que el éxito de un acto de violencia nos sirva siquiera para saber si el próximo será igual de efectivo. Atacar un *stock* (una cantidad acumulada de tomates en el galpón de mi vecino) es relativamente fácil. Lo que es imposible es apoderarse de un flujo (en el que intervienen personas), es decir que los tomates se sigan acumulando como lo venían haciendo hasta ahora.

Leonard Reed escribió un famoso artículo llamado «Yo, el lápiz» que se encuentra fácil en Internet, en el que describía la infinita cantidad de personas que colaboran en la fabricación y distribución de un elemento simple como un lápiz. Desde el cultivo de los árboles, la obtención del grafito, el aserradero, los camiones de transporte, la pintura del camión y del lápiz, en una red interminable de personas que buscando un beneficio propio aportan una parte de lo que al final se convierte en un lápiz en una góndola que podemos comprar. Todo lo cual ocurre sin un director de orquesta, sin una lista de obligaciones dictadas por nadie. Simples acuerdos y conveniencias mutuas coordinadas.

Este es justamente el problema que le trae el mercado al pensamiento tradicional. De repente, la observación del fenómeno complejo de coordinación hace que los guías se vuelven obsoletos. Por eso, se buscan todas las maneras de deslegitimarlo, porque es la mejor manera de escaparle a la pobreza y una permanente fuente de normas morales sin libros sagrados. El mercado le da valor al cumplimiento de la palabra empeñada, hay una utilidad directa en mostrarse confiable. Solo los antecedentes en el cumplimiento de los contratos tienen una influencia decisiva en el monto de la tasa de interés a la cual se consigue crédito.

Así como la moneda facilita el funcionamiento del sistema de precios, su monopolización forzada por el Estado es un gran problema. En la medida en que todas las voluntades se ajustan a relaciones entre precios en la forma de costos y beneficios, la emisión de billetes para financiar el gasto del Estado altera hacia abajo el valor de la moneda. Esto podría no ser relevante si esa alteración se produjera de modo parejo, en definitiva los precios reflejan valores relativos no absolutos. Esto quiere decir que si los precios de los tomates y los duraznos se ven afectados de la misma manera, que los tomates pasen a valer dos y los duraznos cuatro pesos, cuando antes valían uno y dos respectivamente, no cambiaría la relación entre ellos. Solo obligaría a un esfuerzo de etiquetado.

Ese es el motivo por el cual definir a la inflación como el aumento generalizado de los precios carece de interés. Si lo que compramos cuesta el doble y nuestro ingreso también es el doble, nuestra capacidad de consumo no se altera. El problema es que el valor disminuido de la moneda emitida (es decir la suba de los restantes bienes) se da a través de una reacción en cadena. Primero, aumenta la demanda de aquellos bienes y servicios que el Estado adquiere con la moneda emitida como una demanda extra de ellos y una oferta adicional de dinero. Esos precios suben sin que hayan variado la existencia de bienes y servicios en el mercado, en cambio el Estado inyectando billetes ha consumido una parte dejando como saldo dinero extra y menos bienes. Esos billetes circulan y van trastocando todas las relaciones. El flujo de voluntades se ve alterado de a pequeños saltos y, en el camino, los más perjudicados son aquellos cuyo patrimonio está constituido más que nada por el dinero que entra en el mes. Cuando cobran el salario vale menos que antes y para cuando se ajuste, de acuerdo al nuevo valor de la moneda, habrá experimentado una pérdida. Cuando el proceso inflacionario persiste, la gente intenta prever la desvalorización y el sistema de precios se llena de ruido y desorganización, la información que proporcionan no es confiable. Los comerciantes no saben si pueden reponer el *stock* de mercadería con lo que están cobrando por la que tienen en existencia y aún, en el caso de que la inflación se detenga, llevará un tiempo para que los valores relativos se vuelvan a acomodar y que los precios reflejen voluntades reales.

El intento de detener los precios habiendo aumentado la oferta monetaria, agrava el problema. Ese aumento generalizado de los precios es, en realidad, el nuevo equilibrio que se debe alcanzar para que el proceso productivo vuelva a fluir como antes. Parar ese reacomodamiento es tan malo como la inflación original.

En síntesis, jamás bajo ningún concepto se justifica alterar un precio con o sin inflación. El salario, que es un precio, por supuesto, está incluido en esta regla general.

Capítulo X

EL CIELO DE LA LIBERTAD

La libertad no es un criterio de verdad; es más bien una apertura y aceptación de la falibilidad y del error. Es el error el que conduce al acierto. Pensar en esos términos es una diferencia fundamental con el iluminismo. No es que la razón pueda resolverlo todo y por tanto, alguien que piense bien, nos pueda manejar a los que pensamos peor, sino que lo importante es la capacidad de la razón de procesar errores, propios y ajenos, por lo tanto cuanto más amplia sea la posibilidad de ensayar de cualquiera, mejor. Más importante que tener razón, es tener libertad. Sin la libertad, la razón no trabaja. El mercado es una inmensa maquinaria de procesamiento de errores.

El iluminismo no se desprende de la idea de hombre de Estado, de prócer, como salvador y garantía de justicia, endiosando a la razón. En la concepción liberal, la sabiduría requerida de un gobernante es específica, no general. Su ética tiene que partir de la consciencia de la naturaleza de sus actos, sus limitaciones, el carácter de los medios usados y de sus costos. No hay virtud que pueda tener un gobernante colectivista que mitigue la calamidad ética de tratar a lo individuos como animales de criadero, verse como salvador, guía y censor.

No es Dios o la Razón iluminada la alternativa. Dios siempre ha sido la Razón Iluminada disfrazada de mito. Es libertad u obediencia. Vida o muerte. Gobierno o libertad.

Definir lo que tenemos en base a lo que nos falta, no es pesimismo. Si se lo ve así, se sigue dentro del paradigma de la perfección. De lo que se trata no es de ver el vaso medio lleno, sino de entender que el vaso lleno es una falsa referencia, que no existe, que lo que lo tenemos que pensar es como agregamos algo a lo que hay. El vaso lleno puede ser una meta cuando es posible y no se trata de una utopía, pero no es una pérdida.

El liberalismo como tradición de pensamiento social centra su atención en la libertad individual como fundamento de la paz, la prosperidad, la ética y el derecho. Es el pensamiento de aquí, la tierra. La observación de la humanidad pedestre, sin considerarle menor o sin valor. Sus fuentes son múltiples, sus puntos de vista también. Está lejos de ser una «escuela», y es más bien una corriente que parte del descubrimiento de la realidad de la vida privada como fenómeno. Es también el movimiento político que persigue ampliar el campo de esa vida privada y reducir el de la obediencia, el robo y la violencia. No es un cielo, es la vida como es, sin atajos salvadores, sin ilusiones perfeccionistas.

Sobre la base de la libertad individual se hace filosofía, ética, economía, derecho, (derecho constitucional), sociología, psicología, (psicología social), política. La libertad tiene su método, llamado individualismo metodológico.[1] El liberalismo es el conjunto de explicaciones, justificaciones e investigaciones sobre la vida privada.

Como el liberalismo no tiene cielo, tampoco hay Quebrada de Galt, ese lugar que imaginaba Ayn Rand en la ficción (y en tanto ficción) de *La Rebelión de Atlas* al que huirían las personas con talento para no padecer a los parásitos. Lo que hay es un proceso de ampliación de la libertad individual, acompañado de otro proceso

---

[1] Ludwig von Mises, *Human Action*, 2.4 The Principle of Methodological Individualism <http://www.mises.org/humanaction/chap2sec4.asp>. También <http://es.wikipedia.org/wiki/Individualismo_metodol%C3%B3gico>.

de descubrimiento y comprensión de sus condiciones, razones y beneficios. No hay pureza ni puros de la libertad, porque no hay puros de nada y la pureza es un concepto inútil fuera de la religión. Hay mayor o menor comprensión, mayor o menor error, hay ideas que explican estas cuestiones de un modo más completo que otras. Hay explicaciones que pierden vigencia o son refutadas, hay mayor o menor aceptación de los relatos esclavizantes de los que la libertad se desembaraza, mayor o menor valor u honestidad. También hay confusión y hay temor.

Pero la libertad como objeto de atención del pensamiento ocurre como una caída del cielo, como una transgresión. En ese sentido, la amplia corriente de lo que llamamos liberalismo no está exenta de los problemas del formato cultural paradisíaco, aunque nada se contrapone más a su naturaleza. Su principal fortaleza, en cambio, consiste en diluir todos los mitos que llevan a la obediencia. El liberalismo niega el bienestar general como sinónimo de lo que deberíamos tener, porque no hay nada que debiéramos tener, ni la lluvia, ni la comida, ni el vestido, ni la asistencia de un amigo. Todas son cosas que nos debemos procurar y si nos llegan por mera suerte, cuidar. Pero el liberalismo no es una renuncia al bienestar general, porque no se puede renunciar a lo que no se tiene. El liberalismo es la condición que permite alcanzar objetivos de individuos de modo pacífico y trae consigo la noticia de que no hay por ahí un paraíso para que nos sirvamos de él o lo encontremos. Nos permite ver que todo lo que podemos forzar no nos acercará hacia ningún edén, sino que pesará sobre otras personas tan privadas como nosotros, que serán despojadas aquí en la Tierra. Porque el forzar contra el que el liberalismo lucha, no pesa sobre la naturaleza, como sería romper un palo para fabricar una herramienta, sino sobre otras personas. Es el forzar criminal o político.

El liberalismo en ese sentido es la gran herejía que aceptó que no había ningún cielo en la tierra ni sus equivalentes, como el socialdemócrata «bienestar general».

Desde esa posición escandalosa, es que resulta acusado de querer privaciones para la gente. Como si decir que no existe Santa Claus fuera estar en contra de los regalos de Navidad. Si todos creyeran en Santa Claus, no habría regalos en Navidad. La gente adulta consigue los regalos, precisamente por no creer en él. Eso es lo que el liberalismo dice contra los sentimientos que son producto del mito, pero a favor de las posibilidades reales de obtener lo que queremos. El liberalismo es la renuncia a esperar las bendiciones en procura de activar las acciones que logran cosas.

La realidad existencial que el liberalismo devela, genera una presión que pocas personas están dispuestas a soportar. Ponerla de manifiesto pone al que realiza esa tarea en el lugar del «vocero» como lo explica la psicología social. Es el portador de las malas noticias que se convierte en el grupo en el chivo expiatorio. Lo que la gente no tiene, se lo ha sacado el «capitalismo». No es que no está, es que la maldad, que es el egoísmo, lo ha hecho desaparecer.

Entonces pasan a ser directamente despojadores los que piensan que el capitalismo, entendido como la sociedad en la que se puede ahorrar pacíficamente y por lo tanto invertir y producir sin ser despojado. El cielo lo crean los socialistas; el infierno es deuda de los capitalistas. Los primeros son los buenos, los segundos los malos. Lo que define la bondad son los «ideales», es decir la imaginación. Lo que define la maldad es la falta de fe, la realidad. Los actos no juegan ningún papel. Nadie quiere ocupar esa posición. Muchos permanecen en el socialismo por la facilidad moral de quedarse del lado de los buenos.

La ética liberal no es de maximización de ideales, es de actos y de reglas. Por eso, no se pertenece al liberalismo como se pertenece a una religión o cualquier otro credo fundamental. No hay pertenencia, hay apenas permanencia voluntaria. No hay imaginación que nos mejore, hay ideas que nos explican, reglas que nos justifican, que podemos describir y actos que nos enaltecerán o no en base a ellas.

Nadie es más liberal como socio de un club. El osado liberal que habla de límites al gobierno es visto como un no liberal por el anarco capitalista, generaciones después. El pastor que se ocupa de una sola de sus ovejas, es visto como el pastor dominante en este libro. Las ideas son más liberales unas que otras, más avanzadas en cuanto a la ampliación de la vida sin obediencia, pero no mucho más que eso.

Todos llevamos en algún lugar de nuestra memoria genética, tal vez, el peso de la autoimagen, el deseo de pertenecer a un bando que pueda definirse como bueno. Esos han sido los términos de nuestras luchas primitivas. Nos tienta lograr eso como título habilitante, que es muy distinto a tratar de seguir unas reglas que podamos justificar. Decía T.S. Eliot que «La mitad del daño que se hace en este mundo se debe a personas que quieren sentirse importantes. No es que intenten hacer daño —pero el daño que hacen tampoco les importa—. O no lo ven o lo justifican. Porque se encuentran absortos en la interminable batalla de pensar bien de sí mismos».[2]

El daño viene de ponerse en ese lugar por encima, desde el cual los otros se ven por debajo. No hace falta que se vea como una expresa soberbia, a veces luce como humildad. Cuando la humildad se convierte en virtud, hay gente que es más humilde que todos los demás y cada uno de sus movimientos, actos y gestos está dirigido a sustentarlo. Se verá incluso como soberbio al cuestionador del «humilde».

Le pasa a cualquiera; ser liberal no significa ser mejor en otro sentido que no sea valorar una idea y por lo tanto tampoco implica estar exento de cualquier tipo de comportamiento. Ser liberal tampoco requiere ser mejor, está lejos de ser un apostolado. La gente que acepte o no acepte lo que observa el liberalismo, no irá a ningún edén o a cualquier infierno. Es problema de cada uno aceptar,

---

[2] T.S. Elliot, *The Cocktail Party*, p. 111, citado por Szasz, *El mito de la enfermedad mental*, p. 289.

entender o no lo que los otros dicen. Galileo no fue un predicador. Así fue como se lo tomó, como el que venía a negar el relato divino.

La posición de herejía que el liberalismo tiene por estar rodeado de creencias como dogmas que explican el bien y el mal como algo decretado, produce comportamientos adaptativos. A veces puede ser soberbia, a veces puede ser que se confunda como soberbia, el hartazgo de lidiar con individuos que nos ponen en el lugar de maléficos adoradores del hambre popular. A veces, muchas tal vez, está la tentación de transformar las ideas en un método para pensar bien de sí mismo, como diría Eliot. Aquí es donde aparece el cielo liberal, como ese lugar al que se pertenece o llega y que como no se define por su existencia, se define por sus pecadores. Es bueno, otra vez, el que señala el mal y a los malos. El perseguido, el tratado de hereje, el que pertenece a un grupo señalado, es el que más incentivos tiene para encontrar malos que lo hagan ver mejor. Los socialistas pueden ser esos malos. Habrá, pues, que encontrar socialistas entre los liberales y la guerra de etiquetas es la forma de hacerlo.

Creo que los liberales no son, no somos, responsables de «cambiar al mundo». No somos predicadores ni portadores de un libro sagrado. Observamos las cosas de una manera, pero que tengamos o no razón es un problema de todos, no nuestro. Las imágenes celestiales no nos sirven para nada. Confundir la auto superación con un deber hacia la humanidad por el hecho de pensar de un modo o que la subsistencia de ese pensamiento dependa de que colectivicemos el fin totalmente individualista de mejorar como personas, es una gran incoherencia y no sirve para nada.

Así pasa que unos rothbarianos[3] tendrán que despreciar a otros randianos[4] y a su vez estos a los friedmanianos.[5] Todos se con-

---

[3] <http://es.wikipedia.org/wiki/Murray_Rothbard>.
[4] < http://es.wikipedia.org/wiki/Ayn_Rand>.
[5] <http://es.wikipedia.org/wiki/Milton_Friedman>.

vierten en jueces de todos y las sentencias dicen siempre quién es liberal de verdad y quién no. Una vez que se sabe eso, ¿hay algún premio? ¿Se llega a algún cielo? ¿Se reparte algo? No, es completamente inútil, en la medida que las diferencias sean otra cosa que elementos de análisis, perspectivas para aplicar a la realidad que durarán mientras duren. Una cosa es buscar errores y otra pecadores. Claro, estamos más cómodos con nuestro punto de vista y preferimos no tener que cambiarlo, que lo cambien los otros. Pero eso no tiene por qué ser un motivo para absoluciones o condenas.

Cuando se pasa al campo de la acción, de la política por ejemplo, donde hay que lidiar con otras personas y con otras condiciones, donde se cede o se retrocede, donde es posible confundirse o desviarse, el que no hace y mira puede maximizar sus cuestionamientos. Es el momento para conseguir la libertad como placebo psicológico, mientras se atenta contra el aliado. No digo con esto que todo el mundo merezca apoyo; nada más señalo lo fácil que es atentar contra la tierra desde el cielo.

Mi propuesta sería esta: no seamos mejores por nadie que no seamos nosotros mismos y dejemos a las ideas en el lugar de ideas. Podemos hacer muchas cosas por mejorar la difusión, pero tenemos que verlo como un trabajo empresarial. No es un problema nuestra lejanía de la inexistente Quebrada de Galt. Por lo tanto si no estamos ahí, no es porque hay malos entre nosotros. Esa quebrada no es la referencia, lo es nuestra situación de hoy y donde queremos estar mañana. Después encontrar los medios necesarios para cerrar la diferencia.

De otro modo, se cae muy rápido en un error parecido al de instalar un ministerio del bienestar social. Aquellos que propongan cerrarlo serán los culpables del bienestar no logrado. Del mismo modo, los que consiguen unas libertades parciales en el riesgoso y altamente opinable terreno de los acontecimientos, parecen haber «cedido» algo que no se tiene. Con esto, estoy lejos de postular que siempre se tome la decisión adecuada al intentar algo que puede ser insuficiente o menos de lo que se pudo obtener. Lo que discuto es el parámetro paradisíaco, la permanente referencia a la Quebrada de Galt como si en lugar de ser ficción fuera real, por ser inútil.

De todo puede hacerse una perfección y después usar esa perfección como vara inalcanzable para culparse y culpabilizar. Dentro del dificultoso proceso de la libertad, también se puede caer en identificar éxito con virtud y fracaso con pecado. El razonamiento que yo mismo adopté mucho tiempo es, más o menos, que si mucha gente no ha sido convencida es por los defectos de los «predicadores del credo», sus características personales, su falta de simpatía, elocuencia o argumentación decisiva. El buen predicador es simpático, sabe que lleva con él la palabra sagrada y entonces tiene que estar a la altura de su misión. Debe dar pruebas de buena conducta, ser claro, demostrar capacidad de tratar con dulzura a los necios.

El liberalismo entonces es esa iglesia peregrina que tiene a su cargo la libertad. Una iglesia pequeña, cada vez más pequeña. Del tamaño de una secta. El resto de las personas los miran con extrañeza. «Esos locos que dicen que no nos tienen que cobrar impuestos».

Que todos los otros místicos les den la espalda, es bastante lógico porque esta iglesia disidente proclama lo contrario a lo que quiere ser.

Las iglesias están para generar grandes complicidades alrededor de realidades paralelas, no observadas sino convenidas. Por eso, al liberalismo como grupo de personas que sostienen el valor de la libertad, el formato de secta le queda tan mal. Por eso también, las relaciones internas del grupo son tan conflictivas que carecen incluso de los beneficios que trae la complicidad.

El cielo se ha colado ahí. Y es comprensible, porque es un componente cultural del que es difícil despegar, está en los fundamentos en los que nos desarrollamos, de los que venimos para pensar en esta herejía. La herejía nació, además, dentro de la Iglesia. Los pensadores de la libertad clásicos comienzan siempre alabando o pidiendo permiso al cielo precedente o a los nuevos que van triunfando. El de la libertad es un proceso de desprendimiento de creencias, largo, difícil y costoso. Algunos van más rápido, otros menos. Pero es momento ya de entender que los descubridores obligación con un libro sagrado no tienen, no es una religión en competencia, es la no religión.

Nos interesa como partidarios de esta idea contar por qué es inútil la obediencia, la desgracia que son los mandamases y lo penoso que resulta que las masas humanas esperen salvadores desperdiciando su vida. Es un interés, no una obligación. A aprender a comunicar realidad en el misticismo es útil. Pero la retórica, es decir la habilidad de argumentar, es una parte nada más de la comunicación.

El paraíso del que nuestra cultura arrastra altera por completo los resultados de la comunicación. Cuando decimos libertad, eso se puede leer como soledad existencial. El liberal, por lo tanto, puede ser entendido como el portador de malas nuevas; no se trata de que se lo rechace por sus defectos personales. El problema es más profundo.

Muchas veces me ha pasado que en discusiones, el interlocutor llegue al punto de decir que me estaba tomando al individuo como un dios, al mercado como una panacea o al comercio como la explicación de todas las cosas. Ese es un formato irreductible, producto de transferir los supuestos de la propia cosmovisión a otras ideas y se lo pueden comprar, tanto los que lo usan para acusar como los que son acusados. La trampa en la que se cae es esta: si el individuo hace lo que quiere y no lo que quiere Dios, entonces el individuo es Dios. Porque el no dios, está fuera de análisis.

Lo que le sigue a este tipo de observación muchas veces es una lista de «perfecciones» supuestas o unas ofrendas, al modo de concesiones que permitan demostrar la «imperfección» (que es el error hermano de la perfección), porque la descripción de la imperfección implica «humildad», que es la virtud de estar por debajo de lo perfecto, es decir de lo inexistente. Pero abajo al fin.

Tachemos el cielo y veamos la enorme diferencia de perspectiva que se produce. El liberalismo no es cielo. No pretende llegar a ninguna situación idílica. No trata de ser respuesta a todo, es apenas habilitación para averiguar cómo la realidad es, no el cielo. La libertad no es el camino a la Quebrada de Galt, es solo mejor que el autoritarismo. La libertad es nada más, subrayo nada más, que la no opresión. Opresión que es hija de toda la variada gama de cielos inventados. De modo que la libertad no soluciona todos los problemas económicos, solo soluciona el problema económico del autoritarismo, el comercio libre es únicamente mejor que el comercio controlado y nada es una panacea: es la renuncia a las panaceas.

Entonces, el liberalismo tampoco puede ser imperfecto ni humilde. Porque esas referencias son falsas. En el ejercicio de intentar demostrarlo, se cae en la trampa de darle la razón a los que dicen lo contrario.

El médico no es soberbio porque niegue la efectividad de la brujería. El médico no es mago; el que pretende ser mago es el brujo. El médico es la renuncia a la danza de la lluvia, pero no para conseguir la lluvia oportuna y bien dosificada por otros medios, sino para pensar en formas de regar, correr el riesgo de equivocarse y estar dispuesto a encontrar otros mejores. La libertad no es otro cielo, es la Tierra.

Los liberales son una serie de pensadores que, en distintos momentos se han metido en este problema de la realidad y la libertad individual con mayores o menores aciertos. No cuidan ninguna creencia, observan y cuentan lo que observan. La libertad no es un problema de los liberales, es un problema del ser humano. Como la sequía. Si el médico está equivocado no es un problema del médico, es del paciente. Acabando con el médico, no se consigue la salud.

Las ideas políticas, esto es las ideas sobre el poder, caen con facilidad en sistemas de creencias. Le piden al liberalismo que, para competir con sus cielos inalcanzables, ofrezca un cielo alcanzable, medible. Como si dijeran: «Para que dejemos de creer en el cielo, nos deben dar otro». No lo hay. Ni el que creen tener ni el que piden.

Capítulo XI

PRODIGALIDAD Y TALENTOS

El pensamiento religioso lleva a ver a la vida como un don y a la libertad como un permiso. Pero el cristianismo igual forma parte de la cadena de acontecimientos e ideas que llevan a pensar en el hombre libre de ataduras. Aún siendo ambiguo, como lo es el mismo Locke al justificar la propiedad y otros muchos pensadores. Entonces, nos encontramos con que, a la gran atadura del paraíso y el pecado, la acompañan otros axiomas que lo moderan, incluso lo contradicen para beneficio de su subsistencia como religión.

En la parábola de la oveja perdida, Jesús parece fundamentar el individualismo como concesión amorosa del poder. Se trata de una protección al individuo que no es libertad, pero sí se sustenta la idea de que para el protector, una oveja puede ser más importante que el conjunto de ellas.

«¿Qué hombre de vosotros, teniendo cien ovejas, si pierde una de ellas, no deja las noventa y nueve en el desierto, y va tras la que se perdió, hasta encontrarla?».[1]

Es claro que la oveja está sometida al pastor y que al aplicar la relación metafóricamente a los seres humanos, la referencia es a un paternalismo benevolente individualista, pero paternalismo y sometimiento al fin. La oveja simbolizaba al pecador y la parábola era la explicación de por qué Jesús se juntaba con ellos.

---

[1] Lucas 15: 4.

Más adelante agrega:

«¿O qué mujer que tiene diez dracmas, si pierde una dracma, no enciende la lámpara, y barre la casa, y busca con diligencia hasta encontrarla?».[2]

Está hablando en este caso del cuidado de una pertenencia, pero a la vez hay una mirada del protector hacia el individuo como algo valioso. La propiedad es parte de esa individualidad que se enaltece.

En los evangelios, pareciera que la parábola de los talentos contiene argumentos a favor de la libertad y la del hijo pródigo como ejemplo de lo contrario. Sin embargo, me parecen dudosas ambas conclusiones.

En la primera, el amo entrega dinero a sus siervos, dado que el reino de los cielos es como un señor que se va lejos y deja sus bienes al cuidado de sus súbditos de acuerdo a sus capacidades. A uno de ellos le da cinco *talentos*, al otro dos y al tercero uno.

Los dos primeros hacen negocios y consiguen una ganancia del cien por ciento de sus existencias iniciales, pero el tercero entierra su única moneda para que no se pierda hasta el momento de devolverla.

Al regreso el señor pide cuentas. Premia a los dos primeros por sus resultados y reprende al tercero por haragán y negligente. Le quita su talento, se lo entrega al que tiene más: «...debías haber dado mi dinero a los banqueros, y al venir yo, hubiera recibido lo que es mío con los intereses»[3]... «Porque al que tiene, le será dado, y tendrá más; y al que no tiene, aun lo que tiene le será quitado».[4]

Más que defensa del capitalismo, nunca he visto una reivindicación mayor de la servidumbre, casi diría de la forma de explotación

---

[2] Lucas 15: 8.
[3] Mateo 25: 27.
[4] Mateo 25: 29.

llamada impuesto a las ganancias y de apelación a la valoración económica objetiva, al tratamiento del individuo como un burro de carga.

Los bienes que entrega el señor, no les pertenecen a los siervos. En principio, ni siquiera les indica que se trata de un regalo y que el beneficio les pertenecerá. No les pregunta si quieren hacerse cargo de su fortuna o tienen mejores cosas que hacer. Tal vez los dos primeros sacrifican sus propios intereses para dedicarle tiempo al señor y el tercero lo usó en su propio provecho. La alegoría supone que siempre cinco talentos son mejores que uno, para todo el mundo en cualquier circunstancia, ignorando que se trata de valoraciones subjetivas que dependen de cada persona y de sus circunstancias. Parece evidente que enriquecer al señor no formaba parte de las prioridades del tercer siervo; pero aún interpretando que el producto hubiera quedado en su provecho, tal vez tuviera cosas de más valor no monetario para conseguir con su esfuerzo en ese especial momento.

Toda esta confusión ocurre precisamente porque el valor libertad individual está ignorado en la parábola. Nos encontramos frente a un canto a la productividad, en función de un aparato de recaudación de un modo más soviético que capitalista. No a una productividad en un sentido liberal, sino más bien una productividad como tributo.

Por otro lado, está olvidando por completo el concepto de riesgo. Debe haber resultado fácil a los dos primeros siervos arriesgar dinero ajeno. El tercero opta por no asumir el riesgo y el resultado por sí mismo no justifica la elección de los que obtuvieron ganancias.

Cinco talentos son mejores que uno solo *ceteris paribus,* es decir, manteniendo todas las otras condiciones constantes. Pero aquí no hay elemento alguno para suponer esas condiciones, sobre todo porque la producción está presentada como una deuda al señor y no como un beneficio propio.

Pero lo peor de todo, es lo que muchas veces se ve como mejor, porque se piensa que esta parábola es una habilitación divina de la disparidad de «reparto de bienes», para tranquilidad de muchas consciencias.

Aquí hay un confusión complicada, creo yo. No se puede justificar la desigualdad porque la igualdad no existe. La desigualdad genera ventajas, pero no se justifica. No es justo un reparto desigual de bienes, talentos o habilidades; es simplemente un hecho, una condición de existencia. La razón por la que no es injusto es porque tal justicia es inexistente. Para que haya injusticia de verdad debería haber un repartidor, una voluntad. No podría entenderse una voluntad que nos dejara con tantos defectos, mientras nuestro vecino tuviera tantas ventajas. La injusticia en el «reparto» es mítica, ni siquiera hay reparto. Salvo que la desigualdad sea de derechos, producto del uso de la fuerza y de privilegios concedidos desde el poder, pero este caso debe ser completamente diferenciado del mercado.

En el mercado, el lugar donde todos los intercambios son voluntarios, el único sucedáneo a esa situación inexistente de inequidad es el uso de la violencia. Entonces, unos deben ser perjudicados para que otros sean beneficiados mediante la intervención brutal.

En la situación natural, las cosas son muy distintas que en el mito. Un señor es más fuerte, por lo tanto el débil lo necesita y busca colaborar con él para resolver problemas que requieren fuerza. Otro señor posee más bienes y el que no los posee tiene la oportunidad de colaborar con él y obtener mayores beneficios que si solo pudiera tratar con gente de igual o menor fortuna.

La intervención brutal es la alternativa a esas diferencias a las que les llama desigualdad, refiriéndola a la igualdad inexistente de una hermandad inventada y retrospectiva. En la intervención brutal, la oportunidad de establecer un flujo para aprovechar las ventajas que no se tienen, desaparece. Eso es el socialismo empobreciendo a todos mientras mata el talento, el justiciero del cielo.

Un cielo injusto además. Se ve claro en esta parábola que la diferencia en talentos es una decisión del creador. Decir que hay un reparto, pero que es arbitrario, es una forma de fe bastante particular en la creación.

Lo cierto es que nuestro problema real es como obtener los talentos que no tenemos, no a quién reclamar por los que nos faltan. El método es la colaboración.

En la parábola del hijo pródigo ocurre algo bastante diferente. Uno de dos hijos le pide al padre que le dé lo que le pertenece de la herencia y se va a seguir su vida. Despilfarra el dinero y cuando no tiene más vuelve a la casa del padre y le pide perdón. El padre lo perdona y hace un banquete en su honor. El otro hijo se muestra ofendido, a pesar de su obediencia en contraste con la de su hermano, jamás se había hecho un banquete para él.

Esta parábola también trata sobre la obediencia. El hijo pródigo al pedir perdón lo hace no solo al padre, sino también al cielo. La metáfora consiste en sostener que es mejor estar sometido y con una cama caliente, que libre y padeciendo todo tipo de peligros. Mientras el hijo pródigo pasa hambre en una provincia alejada, vive criando cerdos. Ahí reflexiona que hasta el último siervo de su padre está mejor que él y entonces es que se decide a volver.

El contenido metafórico del cuento es contrario a la independencia de la autoridad, cuyo carácter benevolente se afirma. Pero también es el choque de dos modelos, el de la obediencia total y el de la resistencia. La obediencia total del hermano mayor queda mal parada, la del hijo que corre riesgos y lo intenta, aún con un mal final (que para la parábola es buen final), es recibido con los brazos abiertos. El padre simplemente reacciona a su alegría por el hijo que había perdido y regresa. No intenta llevar adelante el plan de sometimiento sino que se deja llevar por lo que quiere, decepcionando al hijo mayor.

El problema no es, como parece surgir a primera vista, que el padre sea injusto premiando al improductivo, por las mismas razones que expuse antes respecto a quién es el beneficiario de la producción. El padre actúa de acuerdo a sus propias valoraciones, es el único que mantiene su libertad y elige dejando de lado una «justicia» en el reparto que pudiera ser superior a sus propios deseos. El hijo obediente es un sometido completo que está esperando que el sometimiento sea ese ámbito de protección sin riesgos, que lo llevó al sometimiento.

Centrarse en uno como individuo no significa, como pueden pensar los que ven la vida como ese permiso, estar desesperado por recursos ni por el poder. Eso puede significar al contrario, una muestra de altruismo en el sentido de poner la prioridad en los demás. Sería como una forma resignada de altruismo, apenas la fuerza en competencia del colectivismo. El colectivismo de una sola vuelta sería ese amor a la familia universal humana, viviéndolo como uno de los componentes débiles que serán beneficiados. El colectivismo retorcido sería la fuerza competente que trata de arruinar esa fiesta concentrando el reparto en beneficio propio por la incapacidad de ver que el reparto no existe hasta que el ser humano lo realiza con violencia. El egoísmo racional consiste en saber que ese punto de partida es falso y que solo queda aportar a la propia felicidad, sabiendo que los otros buscan lo mismo, estén en la situación que estén, porque la comparación es inútil y que solo queda colaborar con ellos.

Capítulo XII

AUTOGOBIERNO, EL IDEAL INCONCLUSO

> El pueblo no renuncia nunca a sus libertades
> sino bajo el engaño de una ilusión.
>
> Edmund Burke

El camino de ampliación de las libertades individuales es también el de la renuncia al paraíso y a la ilusión de la obediencia cómoda a la autoridad protectora. Ocurre por aproximaciones sucesivas, en las que el mito va dejando lugar a la realidad.

En ese camino, procesamos errores en las aproximaciones anteriores, sin que eso signifique quitarles valor, dado que de otro modo caeríamos en un burdo sesgo de retrospectiva. Hay una deuda con cada herejía anterior, por pequeña que nos pueda parecer hoy.

Uno de los capítulos de esa historia es el de la justificación del poder. En algún momento, la corriente liberal explica el poder, no ya como un protector omnímodo, sino apenas como un protector de la libertad. Eso se ve con mucha claridad en el proceso constitucional de los Estados Unidos, ya mencionado.

Si entendemos la política como el ejercicio de la dominación, no hay peor enemigo para esa actividad que la realidad. La mayoría de las personas debe ser convencida de que su rol es el de obedecer a la autoridad, porque en la autoridad se sustenta su subsistencia, como lo termina aceptando el hijo pródigo. Pero incluso más allá, no a cambio de una contraprestación en particular, como sería el caso de los mercenarios. Es la obediencia por legitimidad, por un título que habilita al mando el mandar.

Nuestro seteo cultural nos prepara para asumir que siempre hay gobernantes y gobernados, porque como seres vivientes ya venimos gobernados por el más allá, de modo que el lugar por el que estoy entrando al tema puede ser desconcertante. Pero creo que la etapa en la que estamos en la evolución del fundamento de la libertad individual, es esa de preguntarse por qué tenemos gobierno. No porque no se haya hecho antes, sino porque estamos viviendo, creo yo, en el fin de la última versión de la benevolencia del poder, que es la de la supuesta protección de la libertad en sí.

De cualquier manera, esa pregunta puede tener dos significados diferentes; de hecho cuando se la hizo en el pasado la respuesta fue la que acabo de decir: el gobierno está para que los individuos sean libres, es decir, no sean gobernados.

La estoy expresando de un modo absurdo, pero creo que ese es el resultado de haber hecho la pregunta asumiendo que el gobierno tiene que tener una justificación, porque hay un beneficio en la obediencia.

Ese es el obstáculo a remover. No digo el gobierno en sí, sino la legitimidad que es un problema más serio. Es decir, la obediencia como doctrina es peor que el mando como hecho. El liberalismo clásico expresa una nueva forma de benevolencia del poder, de paternalismo, aunque limitado. La oveja perdida que se sale a buscar, sin comprensión por ahora de que no se trata de una oveja. Esto es, la libertad como producto de un gobierno que se abstiene o que resulta domesticado, porque se entiende que aún para ser libre se necesita un guardián, lo que nos lleva a la subsistencia de la noción mística de legitimidad en el pensamiento liberal clásico, mediante la concepción de un dios en la tierra llamado Estado. «Nosotros el pueblo…» comienza la Constitución de los Estados Unidos, para luego formar un gobierno que les cobrará impuestos a ellos, el pueblo.

En el pasaje desde las monarquías absolutas al constitucionalismo liberal se producen formas democráticas (gobierno de los gobernados) siguiendo dos modelos que suelen confundirse, pero que en gran medida son opuestos. Por un lado la Revolución Francesa, que implicó un rompimiento violento con el orden existente, pero a su vez la potenciación del abuso bajo otros autores. Por el otro, el proceso de la Revolución Gloriosa de 1688 en Inglaterra como una forma de evolución de la Monarquía absoluta hacia una forma liberal de gobierno limitado, cuya máxima manifestación es la declaración de independencia norteamericana un siglo después.

En la primera versión, la francesa, hay una fuerte ruptura en el principio de legitimidad vigente y una preocupación por su reemplazo; en la segunda, un pacto tendiente a facilitar el ejercicio de derechos de los gobernados sin ingresar en el problema de la justificación del poder. En la primera se observa la construcción de un nuevo poder reivindicador y en la segunda, el avance de los individuos frente al poder. Una es una discusión sobre el poder; la otra sobre sus límites.

En la declaración de independencia de los Estados Unidos, se abre el camino hacia algo más interesante, que es la idea del poder y el consentimiento, cuyo fundamento es la libertad. Es decir, el poder como un «facto» que los gobernados aceptan casi como una transacción, mientras el juego de costos y beneficios lo hagan aceptable. El gobierno no se ve allí como algo «legitimado», sino tolerado. Una década, después Estados Unidos reingresaría en la corriente de la justificación al formar el gobierno federal.

Desde la perspectiva que he estado exponiendo, la versión francesa está más cerca del problema y la inglesa más cerca de la solución. La diferencia está en el método. En Francia prevalece el iluminismo, la Razón como alternativa a la revelación que se explica como superior a Dios. Es decir, la razón mistificada comparada con lo inexistente. En Inglaterra prevalece el sentido práctico, la consecución de objetivos particulares, el control de los impuestos, la consagración de límites que amplíen las libertades. El tanteo al lado del pensamiento esclarecido. La razón prudente que procesa errores, en lugar de la Razón que, como el ángel caído pretende ser la verdadera respuesta a todas las cosas. Una es una competencia con el mito, mediante la construcción de otro pretendidamente racional similar y la otra es la consecuencia del uso eficiente del pensamiento, lo que no quiere decir perfecto.

Sin embargo, así como el camino inglés se acerca a la solución, el francés estaba más cerca del problema aún cuando no lo resolvió. El punto era la autoridad normativa superior, pero se cometió el error de que para superarlo se construyera otra que le hiciera competencia, sin asumir que gobierno justificado es un oxímoron.

En Estados Unidos, se había ya producido un milagro en la evolución del pensamiento constitucional, que es la consagración de la idea de auto-gobierno y, como dije antes, del reemplazo de la legitimidad por el consentimiento. Eso es lo que significa la fórmula «We the People». Pero aunque la Constitución invoca ese principio y sus enmiendas posteriores refuerzan la ética de la libertad cuando «la gente» establece un «gobierno» como forma de protegerse, se construye una nueva legitimidad.

Frédéric Bastiat (1801-1850) define esta legitimidad en pocas palabras: «gobierno es la organización colectiva del derecho de legítima defensa».

Parece perfecto si no nos bajamos del principio de obediencia y si seguimos pensando en una seguridad que puede forzarse. No es una seguridad defensiva, no es la organización de milicias para responder a ataques en concreto. Es la organización de un aparato de mando, para defenderse de los que nos quieren hacer obedecer. Hay un gran sinsentido escondido en esta forma de resolver el problema del gobierno, y en gran medida el deterioro de los sistemas políticos inspirados en los Estados Unidos durante el último siglo se debe a este problema.

En la medida en que en Francia se identifica al gobierno con el Pueblo, el sentido limitador que orienta los cambios en Inglaterra le es ajeno. En Estados Unidos no cometen ese error, consideran que un gobierno electo puede ser tan pernicioso como uno no electo para la libertad. El tipo de legitimidad norteamericano es acotado. Sin embargo, es suficiente para que el Leviatán que observaban no solo subsista, sino que se convierta en una gran amenaza.

Edmund Burke en su obra *Reflexiones sobre la Revolución Francesa* se ocupa de señalar el contraste entre el proceso inglés y el francés, para persuadir sobre los peligros de los efluvios revolucionarios nacidos en el continente.

Cuando llega el momento de crear un nuevo estado federal en Filadelfia, se llega a la mínima expresión de la legitimidad, pero para crear un gobierno aunque fuera «de la gente, por la gente, para la gente», parece no haber más remedio que caer en la gran contradicción de que los gobernantes y gobernados sean la misma cosa. Quién manda, parece suponer este nuevo principio, es también quién obedece. Es más, se trata de un defensor de los gobernados.

Como en el modelo de república de Montesquieu, el Estado federal norteamericano es dividido en funciones, inspirado en el concepto de pesos y contrapesos. Un poder que controla al poder, como quiere Montesquieu. La república así entendida , para los Estados Unidos es la única forma concebible de democracia en tanto se identifica el problema político como el del autogobierno.

Nos encontramos, en definitiva ante una nueva forma de legitimidad que supone que solo es válido ser gobernados por quienes siguen nuestra propia voluntad, como consecuencia de haberse conocido y experimentado la libertad antes. Ya no es necesaria una vara externa bajo la cual la soberanía pueda deducirse (herencia, mandato trascendental), porque el gobierno es de algún modo autogenerado. El pueblo, los gobernados, son el nuevo principio con el cual competir frente a las construcciones tradicionales. Es la materia prima revolucionaria, el gran cambio pero aún no ha llegado al fondo de la cuestión.

Si la democracia pretende ser la nueva validez, es porque se la toma como esa forma del pretendido autogobierno y como tal, de la libertad. Se la entiende como la única forma realista y posible en el que un pueblo se gobierna a sí mismo.

La gente que tiene ahora la facultad de gobernarse lo hará mediante representantes. En la versión inglesa, el pueblo tiene derechos y por lo tanto tiene representantes ante el monarca. No son representados por el monarca en sí.

En esa nueva legitimidad es donde se mezclan las explicaciones de la Revolución Francesa y los propósitos mejor logrados del legado Inglés. Pero podríamos seguir el hilo de todo lo que implica en realidad desconocer a la «soberanía» como atributo de un soberano y advertir que la democracia se apoya en la atribución al gobernado de los actos del gobernante.

En nuestra época estamos en condiciones de evaluar qué tan eficaz ha sido la nueva legitimidad. Sobre todo con relación a la preservación del autogobierno como sinónimo de libertad.

Nos vamos a encontrar en la generalidad de los casos con todo tipo formas y grados de absolutismo que se encuentran justificados y no están para nada limitados por la idea de que el pueblo gobierna. Pueblo incluso pasa a ser la facción gobernante circunstancialmente mayoritaria, de modo que parece que fuera posible que el pueblo se auto flagele y eso se llame democracia.

Ese «mayoritarismo» no encaja de manera coherente con ningún sentido legitimador. Se deriva apenas del aspecto mecánico y circunstancial con el que la idea de autogobierno pretende llevarse a cabo, que es el conteo de votos. Es decir deriva de la sacralización del instrumento, en contra del fundamento.

Ahora bien, las incoherencias y los vicios de las democracias actuales no hacen más que mostrar los resquicios que el hecho de «bendecir» a un gobierno, sea por tradición, herencia, mandato divino o sufragio universal, deja abiertos al abuso en contra del propósito liberador inicial.

Así es como los principios republicanos (división de poderes, publicidad de los actos de gobierno, periodicidad de los mandatos, derechos individuales e igualdad ante la ley) se incorporan como un método de asegurar la novedosa forma de legitimidad. No es casual que cada uno de ellos sean justamente las primeras víctimas del absolutismo comicial conocido como *populismo*.

Legitimidad

El diccionario de Norberto Bobbio, Nicola Matteucci y Gianfranco Pasquino define la legitimidad como el «atributo del estado que consiste en la existencia en una parte relevante de la población de un grado de consenso tal que asegure la obediencia sin que sea necesario, salvo en casos marginales, recurrir a la fuerza» y agrega «Los principios monárquico, democrático, socialista, fascista, etc., definen algunos tipos de instituciones y de valores correspondientes, en los que se basa la legitimidad del régimen… la fe en la legalidad, consiste en el hecho de que los gobernantes y su política son aceptados en cuanto están legitimados los aspectos fundamentales del régimen, prescindiendo de las distintas personas y de las distintas decisiones políticas».[1]

Los principios de legitimidad son argumentos para justificar al poder político con el objeto de que sea obedecido. Por lo tanto, cada forma de legitimidad corresponde a unos supuestos normativos y es seguida de unas consecuencias lógicas.

Las nuevas formas de pretendidas democracias autoritarias de los llamados países adscriptos al Socialismo del Siglo XXI en Latinoamérica sirven poner de relieve la anomalía en la nueva legitimidad como la expresión de una inconsistencia.

---

[1] Norberto Bobbio, Nicola Matteucci y Gianfranco Pasquino, *Diccionario de Política*, Siglo XXI Editores, vocablo «Legitimidad».

La legitimidad pretende enraizar el principio de justicia. La palabra misma legitimidad proviene del término legítimo y legítimo es lo que es «conforme a las leyes», «justo», «cierto, genuino y verdadero en cualquier línea», según el diccionario de la Real Academia Española.

Si nos quedáramos con la simple observación sociológica de la aceptación del mando, no tendríamos mucho que agregar. Legítimo sería lo que ha conseguido el efecto de convertirse en la razón para obedecer. No tendría validación alguna fuera de la relación de mando y obediencia. En gran medida, cualquier organización que haya llegado a ser considerada «gobierno» goza de una cuota importante de sometimiento voluntario. Lo opuesto al gobierno legítimo es el gobierno *de facto* en el que el «deber de obedecer» no se invoca a la hora de mandar, sino la fuerza.

Mi postulación aquí es que todo gobierno es de facto y que la legitimidad ha sido consecuencia del miedo a lo desconocido y el engaño y autoengaño de la autoridad protectora como derivación o en consonancia con la religión.

Lo que se ha considerado justo en cuanto a quién es justo que gobierne, ha cambiado a lo largo de la historia desde la tradición, la herencia, la bendición divina, hasta la voluntad popular en el sistema democrático. Pero todos tienen en común que su consecuencia es que obedecer se convierte en un deber y el mayor absurdo consiste en que tal idea haya subsistido aún después de que se proclamaran cosas como que «los hombres nacen y permanecen libres e iguales en derechos».

Para Guglielmo Ferrero «los principios de legitimidad son justificaciones del Poder, es decir del derecho a mandar, ninguna tiene tanta necesidad de justificarse ante la razón como una desigualdad establecida por el Poder».[2] Agrega luego que «una

---

[2] Guglielmo Ferrero, *Poder, los genios invisibles de la ciudad*, Tecnos 1998, p. 81.

decisión tomada por mayoría tendrá más chances de ser justa que la adoptada por una sola persona, salvo que se trate de un ser excepcional. El principio de la mayoría resulta, por consiguiente, en cierta medida razonable, siempre que se aplique acompañado de las cautelas necesarias. La democracia puede justificarse ante la razón bajo tales condiciones».[3]

Sin embargo, no hay manera de utilizar a la mayoría como criterio de justicia. A lo sumo puede aceptarse de modo contractual, en tanto nadie cede sus derechos para ser rifados en una asamblea. El voto en el sistema político tiene sentido en la medida en que lo que está en juego, sean criterios discutibles y como forma de resolver asuntos que bien podrían solucionarse por sorteo, jamás como una ruleta rusa en la que la libertad de las personas sean la materia de debate.

También para Ferrero todos los principios de legitimidad son «al menos en parte, instrumentos de la razón».[4] Sin embargo, «si todos los principios de legitimidad son de origen parcialmente racionales, todos pueden devenir absurdos, en su concreta aplicación. En la democracia la mayoría termina teniendo la razón aunque se equivoque, porque en ella reside oficialmente la verdad, la justicia y la sabiduría, incluso cuando los errores e iniquidades que haya cometido estén a los ojos de todos. En los regímenes aristomonárquicos que presuponían la infalibilidad del poder y negaban el derecho de oposición, cuando el heredero o el noble electo no estaba a la altura de su misión la razón debía inclinarse: la incapacidad pasaba por genialidad, la ignorancia por sabiduría, el capricho por inspiración divina... por todo, salvo por lo que en realidad era. En suma, en los principios de legitimidad el elemento racional es accidental, introducido desde afuera y no sustancial. Puede estar presente en el momento de

---

[3] Ibíd, p. 82.
[4] Ibíd, p. 83.

su aplicación, pero puede faltar totalmente o tal vez… puede resultar insuficiente».[5]

¿Cuál es la parte racional de un principio de racionalidad? Pues la que le sigue a la irracionalidad como consecuencia. La irracionalidad consiste en buscar un fundamento para el sometimiento; del que sea que se encuentre, se derivarán consecuencias lógicas racionales.

Esta casi impostura del elemento racional que se pierde en la realidad política, que transforma a la legitimidad en una excusa, tanto vale para Ferrero para el modo aristomonárquico de justificar al poder, como al democrático. La legitimidad que como explica se puede perder en el ejercicio real del poder.

El gobierno que no se ajusta a sus reglas, nos dice Ferrero, vivirá atemorizado y aumentará su violencia por ese temor, cuando los duendes lo abandonan o se haya apartado de ellos por decisión propia. Porque para este autor la legitimidad son, metafóricamente, duendes invisibles.

Siguiendo su idea, el ejercicio de la violencia física o verbal, de la persecución, el temor a las opiniones diferentes, nos informan sobre pérdida de legitimidad. No solo de pérdida de legitimidad democrática, sino de cualquier tipo de legitimidad concebible. La fuerza bruta viene cuando la persuasión ha fallado.

Para Ferraro el «espíritu revolucionario acierta cuando afirma que los principios de la legitimidad son limitados, convencionales, fluctuantes y fácilmente rebatibles por un examen racional. No se equivoca tampoco cuando afirma que son justos y ciertos solo porque los hombres al discutirlos no sobrepasan un cierto punto: el punto más allá del cual se evidencia su debilidad».[6]

Después advertirá, sin embargo que «por frágiles que sean, en el momento en que los hombres se dejen persuadir por el Maligno

---

[5] Ibíd, p. 84.
[6] Ibíd, p. 85.

para revolverse contra ellos, esos mismos hombres automáticamente, resultarán presas del miedo, el miedo sagrado a la regla violada».[7] El autor propicia la estabilidad de la regla, más allá del rigor racional incluso, o corriendo sus límites, como un reaseguro contra el caos. Postula que hay un punto más allá del cual la razón debe detenerse para no encontrarse bajo las fauces del Maligno. No era su intención, pero Ferrero llega a vincular poder legítimo con el cielo, el control, la tranquilidad. Esa es la ilusión que acompaña a todo principio legitimador.

Recurro a Ferrero porque es un buen punto de partida para dividir este análisis. Por una parte, la racionalidad democrática hasta donde pueda llegar, para luego permitirnos pasar el límite que el autor teme que sea sobrepasado.

Nos encontramos entonces con un elemento racional que es propio de cada forma de justificar al gobierno. Siempre atacable, nunca ciento por ciento capaz de justificar la desigualdad propia de la existencia de un gobierno al que la población se encuentra sometida. Hemos pasado por las tradiciones y la herencia. Ahora voy a suponer para empezar, que es cierto que es posible que gobernados y gobernantes sean la misma cosa bajo la forma de una representación política. Representación que luego será interpretada como simple mayoría. Es decir, tenemos un valor sostenido en el autogobierno, una creación conceptual de la representación y luego la asimilación de la representación a la mayoría o la primera minoría, según sea el caso. La nueva legitimidad tiene que pasar por todo ese proceso sin perder su valor inicial, aquello que le da sustento.

---

[7] Ibíd, p. 85.

Legitimidad y contrato social

La característica visible de la democracia es la expresión de la voluntad popular en la selección del gobierno. Esa voluntad se inicia en el marco de lo que para Locke es el pacto por el que el hombre abandona el estado de naturaleza para «establecer el acuerdo mutuo de entrar en una comunidad y formar un cuerpo político».[8]

Antes de la voluntad de formar un gobierno específico para un período determinado, hay una voluntad que la explicación contractualista ubicará en ese pacto social. Si antes de votar se ha entrado en una comunidad para formar un cuerpo político, entre los participantes hay un estado de paz, no existen hostilidades y por lo tanto se vota para elegir gobierno. Si hemos elegido ser gobernados, primero hemos elegido que formamos una misma comunidad.

Ese pacto en Locke supone que al menos se ha superado el estado de guerra al que define como «un estado de enemistad y destrucción». Pero va más allá, hasta la formación de la comunidad y su cuerpo político.

La racionalidad democrática incluye al pacto de convivencia, lo supone. La sociedad civil podría delegar en aquel único acto el poder a un príncipe, pero en la democracia, mientras el pacto original subsiste, los gobiernos se suceden por elecciones específicas de cada gobernante. La legitimidad de origen que se obtiene en el voto, se da en el contexto jurídico de una constitución.

La voluntad de los ciudadanos como elemento de legitimidad

La voluntad que forma al gobierno es característica esencial del sistema. Es el «*we the people*» del preámbulo de la Constitución de

---

[8] John Locke, *Segundo tratado del gobierno civil*, Alianza Editorial, p. 6.

los Estados Unidos. Prefiero traducirlo como «nosotros, la gente», dado que la palabra «pueblo» tiene la connotación de colectivo de los gobernados, mientras que en Filadelfia se quiere destacar el carácter constitutivo de esa voluntad.

Los electores son consultados y de allí resultan las decisiones, en el caso de la democracia representativa, la decisión es la designación del gobierno o los miembros de otros poderes del Estado.

Democrático no es el gobierno que sencillamente diga actuar en función del bienestar de los gobernados, lo que permitiría interpretaciones diferentes o actitudes paternalistas en las que se le niega personalidad al beneficiario en función de la óptica del benefactor. No se puede hablar en ese sentido de políticas «populares» o «impopulares». Lo único popular es el acto constitutivo, el resto son decisiones parciales, de parcialidades móviles, sobre temas particulares. Siempre siguiendo la misma lógica, un gobierno solo puede decirse «popular» en el sentido de ser ejecutor de la única voluntad común que es la Constitución. Los demás se puede decir a lo sumo y con muchas limitaciones, que son actos mayoritarios. Eso, por supuesto si dejamos de lado que la Constitución suele ser el acto de unos pocos o de muchos, pero nunca de todos y que se trata de una voluntad histórica, no una actual.

Pueblo es, para Sieyès, un componente de la *nación*, que se define por contraste con el *gobierno*. Pueblo por oposición a gobierno nos explica la realidad de la desigualdad inherente a la posición de quién manda frente a quién obedece. En la racionalidad democrática, lo que conecta una cosa con la otra es la voluntad expresada, no las aspiraciones que el desigual gobierno atribuye a los gobernados súbditos. No hay intérprete porque «pueblo» no es un oráculo, es un conjunto de ciudadanos.

Si podemos separar al pacto, contrato social (o constitución) del poder político que resulta su consecuencia, la legitimidad no puede ser la mera la adecuación en el origen del gobierno a las leyes positivas (reglas electorales por ejemplo), sino a la ley fundamental.

De otro modo, caeríamos en un razonamiento circular en el que las leyes establecidas por el poder son las que justifican al poder.

En resumen, la legitimidad democrática descansa en un pacto establecido sobre la base de la paz para formar un cuerpo político, como una primera instancia de la voluntad de los gobernados y, como segunda, en la voluntad específica de seleccionar al gobernante para cumplir el mandato, se supone, del *bien común*.[9]

La pretensión de una popularidad sustancial, en cuanto a representar programas de felicidad popular con independencia de la voluntad de los ciudadanos, no tiene ningún valor como forma de justificación democrática. Se trata de una extensión de la idea de sometimiento patriarcal, similar a la relación amo-esclavo.

Sin embargo, toda una corriente de lo que se denomina «nuevo constitucionalismo latinoamericano» pretende asimilar la palabra «pueblo» y por tanto «popular» a una masa móvil, ni siquiera del todo medible, de «postergados» que ellos definen y subestiman. El gobierno se justificaría en su acción y origen en actuar de modo vindicativo a favor de todas las postergaciones. Un orden diferente al democrático, en el que la «ideología» que representan tendrá que señalar con criterios cambiantes quienes son los que justifican los actos de un gobierno que ya no necesita funciones separadas en materia de justicia o controles como la prensa. Al contrario, hay fuertes imposiciones desde el poder hacia quienes se les oponen y para los teóricos de este movimiento es un dogma que oponerse al régimen del momento es una consecuencia de

---

[9] ¿Existe el «bien común»? Por lo menos se lo «crea» porque la idea de autogobierno ha sido utilizada para establecer la justificación de una nueva forma de gobierno de una comunidad política llamada «pueblo». Si existe el «pueblo» debe existir el «bien común». Y el pueblo existe para que la democracia exista, es decir, para que el gobierno diga que es un autogobierno. ¿Y si nada de eso existe, sino que son meras ficciones para hacer cerrar una lógica de gobierno autogenerado? Pues entonces habrá que pensar en otra manera de hacer realidad el principio liberador contenido en la idea de democracia.

haberse perdido un privilegio. Es decir, no hay oposición legítima que no esté manchada con alguna complicidad.

A la pregunta de si debemos obedecer al gobierno, el principio democrático diría que sí basado en que es «nuestro» gobierno. El populismo apartado de la democracia, aunque se señale a si mismo como su expresión más pura, respondería que la justicia está en su sentido vindicador, donde el que padece las decisiones de gobierno no tiene que verse beneficiado, sino perjudicado por unas razones de justicia que están más allá del ciudadano, igual que en las formas de legitimidad anteriores a la democracia.

Lo asumido en este razonamiento es, otra vez, que el que padece ha sido privado del paraíso, por el que no padece. El populismo carece de una teoría de la explotación como el marxismo del que apenas toma sus consignas. Para el populismo, la pérdida del bienestar debe ser vengada y esa es su misión.

Voluntad popular, mayorías y minorías

Cuando la legitimidad vira para fundamentar el poder en la base representada por los gobernados, el cambio es radical. Ya no se trata de invocar una razón superior y ajena a las partes del vínculo de mando y obediencia, sino que debe encontrarse en los propios ciudadanos la voluntad de dejarse mandar. El problema deja de ser qué cosa justifica al gobierno, para avanzar a la cuestión de qué gobierno se justifica para aquellos que son gobernados.

La democracia requiere la intervención de una voluntad activa de los ciudadanos, comprobable y medible. Sería una tautología hablar de voluntad libre y también lo sería hablar de ciudadano libre. Ambas cosas implican una individualidad desarrollada sin interferencias, sin molestias del poder, que vendría a ser su mera consecuencia.

En la democracia, se miden las manifestaciones de voluntad y se muestran los resultados con alguna posibilidad de auditarlos. Esto tiene el único sentido de mostrar que el gobierno es la consecuencia de lo que los ciudadanos han dicho que querían. La república es, en ese sentido, una consecuencia lógica de la idea original de democracia moderna.

Las concentraciones masivas que son típicas de los gobiernos autoritarios, actúan como una forma de falsificación de esa voluntad. Se exhibe una marea humana, una masa para dar sustento político a determinadas decisiones o para fortalecer directamente a un líder. Sin embargo, estas acciones pertenecen más al campo del encantamiento que al de la legitimidad racional democrática. Están dirigidas a producir una sensación abrumadora de debilidad en todos aquellos que disienten o denuncian al gobierno de turno.

El mecanismo de consulta real es, a la vez, limitado. En primer lugar, porque la voluntad política es una ficción que, en gran medida, se infiere de una mayoría circunstancial. Se vota un día esa oferta que está restringida de muchos modos, con planes poco precisos de los cuales no se conocen todas las consecuencias. No hay un castigo establecido en caso de que el gobernante decida dejar de lado todas sus promesas. Si las hay, en cambio, casi siempre, en caso de que se viole el mandato constitucional. La posibilidad de rectificación se demora y la mayoría se forma sobre opciones. El escrutinio es un resultado matemático de, tal vez, haber renunciado los votantes a sus convicciones más amplias, para reducirlas a lo que hay en el cuarto oscuro. Los políticos seducen mediante engaños, omitiendo las malas noticias. Todo esto es parte de la praxis democrática reconocible. Todo lo cual debilita incluso la posibilidad de atribuir los actos del gobierno a la mayoría circunstancial que obtuvo en el cuarto oscuro.

Esa adhesión mayoritaria es de una intensidad baja y hasta ambigua, contiene exigencias y condiciones. Por lo tanto, es muy arriesgado asumir que de ese mandato se deriva una habilitación para que el gobierno imponga su voluntad en nombre siquiera de la mayoría de aquel día de elecciones. El voto, tomado como fuente inmediata de la legitimidad de origen, no agota el problema de la legitimidad en la democracia. En la democracia, más aún que en cualquier otro sistema, debe mantenerse por razones lógicas una legitimidad en el *ejercicio* del poder.

Los comicios otorgan un «mandato» y no un título de propiedad sobre súbditos. Lo contrario ampliaría la brecha entre gobernantes y gobernados a un punto en que la ficción de que el gobierno es la representación del pueblo, se haría absurda. Si de lo que se trata es de demostrar el meollo de la legitimidad (que el gobernado está siendo gobernado como quiere), aún cuando consideráramos absoluta la regla convencional de la mayoría (o minoría establecida como triunfante) a los efectos de seleccionar quién gobierna, el principio debe seguir cumpliéndose en el sentido de que la soberanía pertenece a las personas y el gobernante es un servidor de ellas.

Hay otras condiciones para que la voluntad popular pueda ser considerada como tal. En el terreno civil se entienden como vicios de la voluntad el error, la fuerza física o moral y el dolo. La voluntad para que pueda ser tal y servir como propósito legitimador, tiene que estar libre de interferencias, debe pronunciarse sobre las personas que van a gobernar sin restricciones o engaños, o sobre los programas que llevarán adelante. Aquellos que votan, lo hacen como una forma de delegación. Eso requiere un ambiente de debate a modo de una plaza pública donde las ideas circulan, se expresan sin temor a represalias. Quienes votan antes de ser dueños de votar, lo deben ser de sus propias vidas, no tienen que temer perder por sus opiniones.

La democracia representativa, en definitiva, busca de algún modo reconstruir a su clásica forma directa ateniense. Se supone que el gobierno ejerce un mandato del pueblo. No un mandato de la mayoría; el poder está determinado en la primera instancia de voluntad o pacto. Quién lo lleva adelante es aquel que la mayoría o primera minoría del cuerpo electoral —que nunca componen todos— ha determinado.

Eso es lo que extiende la legitimidad hacia todos y compromete a todos a aceptarla. El mando no es un atributo obtenido de la mayoría, sino de la totalidad. Eso es lo que conforma al «demos» como tal. Mandato y legitimidad son inseparables. Si el mandato fuera solo de la mayoría circunstancial o de la minoría triunfante, ese gobierno solo sería legítimo ante su parcialidad.

Esto que es fácil de reconocer como una ficción, se hace más real en la medida en que el ejercicio del poder se realice como una búsqueda de lo que es mejor para todos. Conseguir un número no alcanza para afirmar que existe una legitimidad democrática. El gobierno debe ejercerse por todos y para todos. La ficción de que las minorías también participan en el mandato, llegaría al absurdo si el gobierno actúa directamente contra ellas. Cuando un gobierno se identifica como portador únicamente de la voluntad de la mayoría, actuando como facción dominante en contra de las minorías, de los disidentes, de los que no lo siguen, se puede decir, al menos, que la suposición de que esas minorías, esos disidentes y esos perseguidos son mandantes, queda fulminada.

La conciencia sobre el problema de la generalidad del mandato ha ido variando. En un primer momento, no se aceptaba siquiera la existencia los partidos políticos. Se entendía que representar a una facción era incompatible con la democracia. Pero las facciones existen y como esa realidad no puede negarse, el partido (que para la visión nacionalista implicará una «partidocracia») se incorpora casi como el elemento paradigmático del sistema, al que se le adosará un valor nuevo, la idea de *pluralidad*.

En el medio de la lucha ya aceptada de facciones, emergen otras formas de rescatar la generalidad en el mandato. El cuidado del «todo común» se irá depositando sucesivamente en la burocracia profesional y luego de que esta demostrara su poco apego al ideal, que también persigue fines propios, aparece con fuerza la tendencia a la creación de organismos autárquicos, separados de la «política» (ya entendida como parcial) y meramente técnicos.[10]

Mientras, por instinto, esta legitimidad busca una referencia al interés general, el «mayoritismo» se constituye ya en el descaro de la parcialidad, el intento de hacer que esta conquiste la legitimidad democrática y la desnaturalice por completo.

El carácter pacífico del gobierno que surge del pacto original, que continúa siendo pacífico después de ganar, es una condición *sine qua non* para poder mantener la ficción de que el mandato, por lo tanto la legitimidad, es general y no particular. Si encima de ser parcial, el gobierno se presenta como el triunfo de unos sobre otros, la racionalidad democrática no puede haber quedado más disminuida.

Legitimidad democrática y ciudadanía

Si la voluntad del gobernado es un rasgo esencial en esta forma de legitimidad, tenemos que pensar en el ciudadano como un individuo capaz de discernir y actuando como un mandante del sistema todo el tiempo.

Si la voluntad al votar fuera la única facultad a disposición del ciudadano y no la última de ellas, estaríamos hablando de un sistema democrático en un sentido tan restringido que carecería de todo valor. La democracia sería el derecho o la obligación de la población sometida, de otorgar legitimidad al grupo que lo somete.

En la clásica definición de democracia de Abraham Lincoln, el gobierno *del pueblo* está dado por esta forma particular de re-

---

[10] Para una descripción detallada de estas etapas véase Pierre Rosanvallón, *La Legitimidad Democrática.*

presentación política; el gobierno *por el pueblo* supone igualdad ante la ley y la inexistencia de categorías de ciudadanos o fueros, y el gobierno *para el pueblo* es la condición más permanente de todas, si se entiende como tal, que el beneficio de las acciones de gobierno debe operar sobre toda la población, sin distinciones. El gobierno tiene que ser el que la gente realmente quiere, todos deben tener la posibilidad de acceder sin ventajas o entorpecimientos y el ejercicio del gobierno debe aspirar al *bien común*.[11]

Un resguardo habitual de la libertad del votante es el voto secreto. Se supone que, más allá de cualquier interferencia, influencia, relación de dependencia que pueda existir entre el votante y cualquier grupo o persona, se encuentra en el cuarto oscuro, donde podrá decidir sin ser molestado, incluso contra personas de las que pueda depender. El cuarto oscuro, como tal, es producto del aprendizaje en la experiencia del ejercicio de votar. Se trata de un remedio al que se recurre frente a vicios que, en la práctica diaria, se demostraron peligrosos para mantener la idea misma de legitimidad.

Este resguardo puede ser efectivo hasta cierto punto, si el vínculo dependiente o el acto con capacidad para viciar la voluntad, se da en el ámbito privado. Pero poco efecto tiene, si el debate electoral consiste en la necesidad o no de mantener cierta oficina pública, reducir el gasto del Estado en general, planes de asistencia, subsidios, respecto de aquellos que se verían directamente perjudicados o beneficiados por la decisión. Porque entonces, la

---

[11] Siempre manteniéndonos dentro de la lógica del sistema, aunque en mi opinión el bien común es solo la suposición que cierra la ficción. Pasa lo mismo que con la idea de mayoría en contraposición a totalidad, o sostener que la minoría también es titular del mandato. Difícil de verificar en la realidad, pero indispensable de suponer para que este tipo de legitimidad funcione en el campo racional. De alguna manera el abandono de las ficciones a la realidad de la política como desigualdad entre gobernantes y gobernados que actualiza el populismo, es la renuncia sin remedio a la forma de legitimación democrática. Ese es el punto al cual los absolutismos mayoritarios no se han dado cuenta de que han llegado.

dependencia que elimina las condiciones de base de la democracia continúa aún dentro del cuarto oscuro.

El estatismo es, en ese sentido, un elemento perturbador de la libertad del ciudadano. El hecho de que el sector público se haya convertido en un proveedor de sustento, crea un problema similar al que tendríamos frente al voto nominal. Supongamos un empleador privado que quisiera condicionar el voto de sus empleados. El hecho de que estos pudieran contrariarlo en el cuarto oscuro, no implicaría para ellos un peligro en su continuidad laboral como podría ocurrir si tuvieran que votar a viva voz. Con el sector público no pasa lo mismo: votar al partido que –cuidando los bolsillos de la ciudadanía en general– eliminara la oficina o la función de un empleado público, significaría apoyar su propio despido.

Este vínculo entre el partido estatista y el cliente, altera la condición de ciudadano más allá del cuarto oscuro y tampoco estaba prevista por el pensamiento republicano tradicional.

Hoy se desarrollan los populismos como en Venezuela, Ecuador, Argentina y Bolivia, gracias a que un número creciente de ciudadanos ve atada su suerte a la continuidad de regímenes que utilizan fondos públicos para generar esos vínculos dependientes, que invierten la relación entre mandante y mandatario.

Una pretendida democracia sin ciudadanos libres e iguales ante la ley, sin paz interna, sería una democracia sin sentido. La democracia que se basa en la voluntad de los gobernados, requiere de unos ciudadanos que no solo se considere que mandan por las ficciones inherentes al proceso electoral, sino porque pueden cambiar de opinión si el gobierno falla y no depende de él. Los ciudadanos siguen siendo ciudadanos después de votar. Hasta la próxima votación, sus puntos de vista deben fluir sin controles, sin represalias, sin persecuciones en una competencia justa.

Sin este ambiente y proceso de formación libre y consulta de la voluntad específica de la población, la democracia, sin que esa libertad se mantenga, sin ciudadanos que no tengan motivo para temer ser perseguidos, difamados, asustados por el aparato de poder, el votar significa poco y el criterio de su valor legitimador se pierde por completo.

La democracia que pretende significar la idea de autogobierno se acercaría tanto al despotismo propio de cualquier otro tipo de legitimidad que sería insostenible. Se quedaría con el mero engaño o encantamiento de las víctimas del poder.

Una cosa es, entonces, el electoralismo como esa «ideología» que sostiene un poder absoluto, y otra, es una democracia como una real soberanía de los ciudadanos, de todos los ciudadanos, hayan ganado sus opiniones a la hora de votar o no.

La legitimidad monárquica pretendía ser trascendente o hereditaria, estaba fuera del control de los gobernados. La legitimidad democrática es mundana, observable en la vida diaria y en el desempeño de la autoridad pública como tal.

Los totalitarismos marxistas invocan al pueblo y habitualmente sus sistemas llevan el apelativo de «popular» y hasta de «república». Las dictaduras militares dicen sostenerse en los «intereses de la nación»; el fascismo y el nacional socialismo no fueron la excepción, en cuanto a pretender por el bien del pueblo, llevar adelante proyectos que invocan criterios que validan con los actos de fuerza y la suspensión del proceso pluralista de formación de la voluntad popular en competencia a la que consideraban falsa y decadente. La democracia no es eso. Si lo fuera, deberíamos aceptarla como el peor enemigo.

Legitimidad, absolutismo y unción

Sin embargo, bajo el ordenamiento político monárquico europeo previo a los sistemas constitucionales, la legitimidad y sus fuentes estaban claras. La herencia, con cierto aval desde un orden superior representado fundamentalmente por la Iglesia, era el tamiz de licitud. Era un sistema bastante estable, ofrecía poco lugar a las dudas y las disputas giraban en torno al cumplimiento de las reglas de la sucesión.

El camino hacia el absolutismo monárquico no difiere en sus argumentaciones con el mayoritismo populista. Este pasaje del Eclesiastes citado por Ferrero, es ilustrativo al respecto:

«Yo me digo: debo obedecer las órdenes del rey por el juramento prestado a Yahvé. No me apresuraré a ocultarme de su presencia, ni me empeñaré en perseverar en el pecado, porque su voluntad no conoce ningún límite. La palabra del monarca es soberana y nadie osará preguntarle nunca ¿qué haces? Aquel que cumpla su voluntad no sufrirá mal alguno, un espíritu avisado conoce la hora propicia y la regla adecuada».

Vivimos una época de insatisfacción con los sistemas políticos democráticos. En algunos casos, se trata de expectativas de bienestar y seguridad no satisfechas. En otros, gobiernos que en nombre de la democracia por el solo hecho de haber sido electos, intentan disciplinar a la sociedad, uniformarla, perseguir las opiniones distintas o la simple disconformidad, instalan un sistema de vigilancia de raigambre totalitaria, no esconden su intención de terminar con la prensa libre o con el sistema judicial.

Esos gobiernos subrayan el derecho que tienen a ser obedecidos, llaman conspiradores a los disconformes y prometen que el que acepte someterse y «cumpla su voluntad, no sufrirá mal alguno». Todo se cierra sobre un solo argumento que es el de la unción, la legitimidad de origen, para hacerla pesar como un derecho absoluto que va más allá incluso del derecho de propiedad, sin reconocer límites hacia cualquier ejercicio del poder. Quién gana, parece tener derecho a todo: los recursos públicos le pertenecen para usarlos en su propio favor, los empleados del Estado son conminados a participar en actos masivos fascistas o perder sus trabajos. Crecientes capas de la población dependen de la voluntad de los oficiales públicos, identificados con el partido o el líder.

Podríamos cambiar algunas palabras y definir a la legitimidad original populista del siguiente modo:

«Yo me digo: debo obedecer las órdenes del líder por el resultado de las elecciones según datos oficiales. No me apresuraré a ocultarme de su presencia, ni me empeñaré en perseverar en el error antirrevolucionario, porque su voluntad no conoce ningún límite. La palabra del comandante es soberana y nadie osará preguntarle nunca ¿qué haces? Aquel que cumpla su voluntad no sufrirá mal alguno, un espíritu avisado conoce la hora propicia y la regla adecuada».

Pero cuidado que este encuentro del despotismo con la democracia no es patrimonio exclusivo de determinados regímenes descarados. En el discurso del Estado de la Unión del 2014 el presidente de los Estados Unidos Barak Obama prometió tomar medidas de orden económico, es decir modificar derechos de propiedad, «con o sin el Congreso». Es el mismo tipo de tesis con las que los populismos y falsas democracias antagonizan instituciones republicanas con el bienestar popular, para justificar sus actos. Con esa nueva doctrina prometió «un año de acción».

Si un presidente de los Estados Unidos antepone una supuesta felicidad a la subsistencia de la libertad y de las instituciones formales, se ve que el problema es general. Y lo es porque su germen no está en la falta de esfuerzo para entender que los gobernados son los gobernantes, sino en que esta construcción es una gran incoherencia. Es ese el motivo por el cual, después de una cadena de ficciones, parece que no hemos hecho otra cosa que volver al punto de partida.

En 1974, Richard Nixon debió renunciar a la presidencia en medio de un proceso de *Impeachment* debido al espionaje instalado sobre el Partido Demócrata. En 2013, se descubre que el IRS, la oficina de impuestos de los Estados Unidos, realiza inspecciones selectivas sobre disidentes del gobierno y, salvo un poco de revuelo en los medios de comunicación, no tiene ninguna consecuencia. Pero ya que hablamos de impuestos, podemos ir un poco más atrás. A 1913, cuando se dicta la enmienda 16 a la Constitución de los Estados Unidos habilitando el cobro del impuesto a las ganancias, es decir, la esclavitud parcial de los norteamericanos. La esclavitud, después de todo, no es más que un impuesto a las ganancias del 100%. Este impuesto requiere la vigilancia del patrimonio de toda la población. Es evidente que el ciudadano no es el mismo después de que cada año debe explicarle al gobierno «suyo» qué es lo que tiene y por qué lo tiene, ni cuando se le prohíben determinadas operaciones, porque si se permitieran el poder de vigilancia se vería comprometido.

Es decir, el deterioro de la legitimidad más novedosa es acelerado, creciente y general. En Latinoamérica, la vigilancia fiscal es un elemento de disciplinamiento total de la conciencia, la muerte completa del concepto de ciudadano. Y no es producto de la inventiva de ninguna república bananera, por si alguien piensa que el problema es cultural.

Lo que nunca podrá lograr el absolutismo comicial, es convencer sobre su racionalidad legitimadora. Se trata de un abuso argumental. En la medida en que sea cierto que el poder es absoluto, por votación o por cualquier otro método, la realidad que resulta de un pueblo sometido es incompatible con la de un pueblo gobernante. En el caso de la monarquía absoluta, el abuso del principio legitimador no tiene el mismo efecto de autoeliminación, porque el origen del poder se encuentra fuera de aquellos que deberán obedecer. No habría contradicción, con la democracia, si la hay.

Debemos notar que el fascismo guiado por presupuestos similares en su absolutismo, no pretendía ser democrático. Se manifestaba de manera abierta como totalitario: «El fascismo rechaza frontalmente las doctrinas del liberalismo, tanto en el campo político como económico» sentenciaba Mussolini.

El populismo es un neofascismo, donde el único resabio de liberalismo político subsistente será el voto, no como limitante sino solo como aval, cada vez más controlado y condicionado. Hará una exhibición abierta de su odio por la prensa, la justicia, el debate, la crítica e instalará un aparato oficial de difamación y asesinato de la reputación de los disidentes.

Se llega a establecer un vínculo entre el dependiente pobre del Estado y el liderazgo de la facción que no dista mucho del de la esclavitud. Se observan formas de exaltación de la personalidad del individuo que encarna una etapa fundacional.

¿Qué queda en este extremo del concepto de voluntad popular?

El principio de legitimidad y el culto al líder

El sujeto propio e ideal de la democracia es, entonces, un ciudadano activo que piensa por sí mismo, estudia alternativas y elige de acuerdo a su leal saber y entender, cuál le parece mejor. La democracia que se legitima en tanto se ha aceptado la idea de autogobierno, tiene poco que ver con el culto a la personalidad de un líder.

En el populismo, es imposible encontrar ese vínculo en los disidentes por supuesto, todos convertidos en enemigos internos; pero tampoco resulta fácil hallarlo entre los oficialistas. Lo que vemos, en cambio, es una estructura uniformada, obediente, dispuesta a seguir cualquier consigna y a cambiarla ciento ochenta grados si el líder así lo dicta. El aparato de propaganda incorpora enemigos o los rehabilita según la agenda de alianzas del día, de un modo similar al Ministerio de la Verdad del «1984» de George Orwell. Los seguidores se van enterando de que determinadas personas son enemigos o traidores, a medida que el aparato de propaganda los decreta.

En muchos casos, el uniforme se impone como signo de disciplina. Pero el aparato de propaganda no está destinado a suprimir la voluntad de la oposición, sino la del oficialismo. Es en su ámbito donde todo debe aceptarse sin posibilidad de debate.

Intentando contradecir lo que estos signos revelan sobre una relación de sometimiento, se muestran exteriorizaciones de amor ilimitado al líder, que no dan idea de legitimidad democrática sino de sumisión.[12] Dentro de la facción oficial no hay posibilidad de disenso. Quienes se encuentran fuera de la red del poder, están excluidos como ciudadanos, pero más lo están los que componen el sistema.

Nos encontramos con que pese a la unción, no podemos afirmar ciertamente que lo que se llama gobierno sea representativo de los disidentes, pero ni siquiera representa a los dependientes oficialistas que son por completo sometidos. El gobierno es simplemente agente de sí mismo, como en el absolutismo monárquico. El Estado secular es mostrado como portador de poderes milagrosos y el gobierno tiende a la deificación. La separación entre el Cesar y Dios, muta hacia la divinidad del Cesar en sí.

La división de la sociedad hace imposible concebir la idea de «pueblo»; no se cumple en ningún sentido la idea de mandato, ni mucho menos la de igualdad ante la ley.

Naturaleza de la legitimidad democrática y república

El populismo latinoamericano, sin embargo, es apenas un aspecto de un problema a mi juicio sin resolver, en el traspaso demasiado lineal de la idea de legitimidad, desde la monarquía a la democracia moderna. En alguna medida puede ser visto como una

---

[12] Una muestra clara de este fenómeno la hemos visto durante los funerales cuasi-imperiales de Hugo Chávez en Venezuela.

oportunidad para revisar lo escrito. Una luz de emergencia que habla de un error que nos da la oportunidad de pasar el límite que nos había propuesto Ferraro. La idea de autogobierno no requería cambiar de origen a la soberanía y a la legitimidad, sino declararlas disueltas, reemplazadas por conceptos más coherentes como colaboración, resolución de problemas comunes. Un esquema actualizado de democracia ateniense sin que subsistan las categorías desiguales de gobernantes/gobernados, propias de principios de sumisión, no de autogobierno.

Se sigue hablando de «soberanía» (derechos del soberano), pero ahora es una «soberanía popular», es decir el paso de la obediencia impuesta al autogobierno es nada más que un cambio de titularidad. Pero el traspaso del poder desde un ungido, a la noción de auto-administración de la sociedad, debería implicar una modificación de naturaleza y no apenas de la titularidad del poder.

La democracia no solo debería cambiar el modo de dar origen a una forma de mando diferente, sino que el mando en cierto modo, debería dejar de ser tal para verse transformado de alguna manera en la administración de los asuntos comunes convenidos por los ciudadanos. Cambiaría más que el origen y el ejercicio, porque del poder cambiaría la naturaleza de la organización de la *polis* como tal. Cambia su causa legitimadora y su efecto legitimador también. El principio de autogobierno no se satisface más que en el campo de una ficción fantasiosa si se expresa en un rey electo.

El significado original del término «política» es mucho más acotado que el actual. Hoy es casi una mala palabra, el ámbito donde todo se justifica, en que los peores actos tienen lugar y parece que reina otra ética, como postulaba Max Weber: la de la responsabilidad por oposición a la de las convicciones. La democracia clásica deriva de esa idea. La gente resuelve sus asuntos poniéndose de acuerdo, eso es lo que tenía de democrática la democracia original. El problema está en pasar del acuerdo a la representación y la obediencia.

En un sentido menos amplio del problema, la racionalidad democrática legitimadora no puede considerarse satisfecha solo cubriendo la justificación del poder como una mera forma de unción, en su origen, sino que requiere limitar el modo de su ejercicio al mantenimiento de la paz mediante el servicio de justicia y la solución de los problemas comunes.

El quiebre que significa la legitimidad democrática, se encuentra en que —a diferencia de la legitimidad europea monárquica—, el acto de la unción no puede tener el mismo efecto justificador de las acciones de un príncipe que no es tal. El escrutinio es un procedimiento para seleccionar al representante general, pero interpretarlo como la conformación de un título de propiedad sobre el país o sus habitantes es llevar esta asimilación demasiado lejos. El mero capricho no debería tener lugar. Por eso, los principios de la república: división de los poderes, publicidad de los actos de gobierno, periodicidad del mandato, igualdad ante la ley y derechos individuales, son formas de completar, perfeccionar y tornar más real la lógica interna de la legitimidad democrática representativa. La república es el paso que da la racionalidad democrática para preservarse de los vicios conocidos de su propia e incompleta lógica.

Si, como señala Ferraro, ningún principio de legitimidad supera un riguroso análisis lógico, el democrático es además mucho más provisorio, porque normalmente incorpora formas de revocación del mandato y responsabilidad por los actos de gobierno. Pero es cierto, el título por el cual unas personas están sometidas a otras, es incluso para la democracia insostenible con un análisis riguroso, requiere de una cadena de ficciones.

De la ficción a la realidad

Se ha señalado con razón que la democracia deriva en la realidad en una suerte de colectivismo, en la última forma en que el abuso de unos sobre otros ha tratado de justificarse.[13] Sin embargo, podemos rescatar su propósito original y valorarlo como un intento liberador, fallido en sus instrumentos, lleno de resquicios que, en definitiva, nos llevaron al punto de partida o tal vez más allá, dado que algunas de las cosas que se le permiten a los gobiernos electos no se le tolerarían a un monarca. Una de tantas etapas en el proceso de avance de la libertad humana.

Así como el proceso inglés defendido por Burke avanzó sobre la realidad en lugar de pensar en la ruptura del paradigma, ocurriendo tal cosa de cualquier manera por añadidura, es posible que siguiendo un camino similar pudiéramos reemplazar las ficciones irreales por resguardos institucionales del valor original. El autogobierno puede ser una evolución posterior a la república del principio democrático. Sin soberanía, con un sentido más ateniense incluso de resolución de cuestiones comunes, con formas voluntarias de financiamiento de la organización política (ya no gobierno).

Nos gobernamos a nosotros mismos implica que no nos sometemos bajo ningún título a la voluntad de otros. Esta debe ser la piedra fundamental de la realización del autogobierno. Empieza por reconocer que no hay nada que la autoridad pueda brindar que los acuerdos voluntarios de los interesados no puedan lograr mejor. No hay paraísos ni representantes de paraísos ni iluminados. El elemento tranquilizador frente a la vida en la Tierra, en un mundo que ha vivido soñando con el cielo, tuvo un rol

---

[13] Véase al respecto Hans-Herman Hoppe, *Democracy. The God That Failed: The Economics and Politics of Monarchy, Democracy, and Natural Order*. Transactions Publishers, 2001 [Ed. esp. *Monarquía, democracia y orden natural*, 3.ª ed., Unión Editorial, Madrid 2013].

fundamental en la subsistencia de las ficciones de sometimiento. *Vox populi* es una mentira de similar tamaño a *vox Dei*.

El principio democrático hasta aquí ha evolucionado como una forma de justificar al poder; en realidad, su lógica nos dice que debería estar inspirado por la necesidad de reivindicar que la gente común sea dueña de su propio destino.

Así como nos decía Ferrero, que cualquier principio legitimador en algún punto puede devenir en absurdo, sospecho que siempre ha sido absurdo pretender que los ciudadanos se gobiernan a sí mismos por designar a un representante que tendrá poder sobre ellos.

El absolutismo comicial nos ha puesto frente a frente con ese problema. De cualquier modo, ese valor supuesto, inconcluso, del autogobierno, siempre nos servirá para entender si la democracia está perdiendo su norte y por lo tanto el meollo de su legitimación.

Pero como dije al principio, todos estos son problemas de la lógica de esta nueva legitimidad. Tantas precisiones deben ser hechas porque el problema está en que la libertad pretenda tener un principio propio de legitimidad, cuando no debería tener ninguno. No existe título alguno por el que una persona tenga derecho a decirle a otra lo que tiene que hacer.

«La libertad no es hija del orden, es la madre» decía Pierre Joseph Proudhon, un anarquista socialista, que creía, como Marx, que el salario era explotación porque el valor era creado por el trabajo. Pero estos anarquistas sí entendían la ilusión del liberalismo clásico con el Estado defendiendo la libertad.

La pregunta sería si puede sobrevivir la sociedad sin gobierno. Mi respuesta a esta altura sería que si ha sobrevivido gobernada, con más razón podría hacerlo en libertad. Lo que me asombra es que haya subsistido pese a la magia de la autoridad, cuyos trucos son tan obviamente falsos.

Habrá que dar algunos pasos para llegar allí. Lo primero es dar marcha atrás en la teoría de la legitimidad democrática, del «gobierno libre». Después tendríamos la oportunidad de llegar al gobierno limitado que se había propuesto originalmente y recién después, podríamos ver hasta dónde llegamos.

En términos políticos bien realistas, creo que algunas cosas tendrán que pasar antes. Primero, el derecho de las unidades políticas menores de separarse de las mayores, esto es el derecho de secesión, de forma de facilitar ciudades y condados independientes, en los cuales la política sea más difícil de mitificar.

El otro punto, y tal vez paralelo al anterior, es el fin definitivo de la imposición. La organización de la polis debe financiarse de modo voluntario, como se financian todas las buenas causas compartidas por mucha gente y de la que tenemos abundante evidencia. Esa voluntariedad es una condición *sine qua non* para que las buenas causas sean definidas y se mantengan como tales.

Capítulo XIII

EN LA TIERRA

Antes de madurar como personas, pasamos por una etapa de decepción con los padres. Es curioso que ese período que conocemos como adolescencia, no se da de igual manera fuera de ese gran marco cultural al que llamamos occidente y que abarca cosas tan diferentes como el comunismo o el capitalismo. De cualquier manera, en la etapa de decepción nos ponemos muy críticos con lo que idealizábamos. La idealización puede considerarse la verdadera causa de la decepción y la decepción, una forma exagerada de desprenderse de las ilusiones.

Liberarse es una manera de madurar también. Desde la comodidad de la obediencia a la incomodidad de la aceptación de la existencia. No es de un Dios del que nos desprendemos, es de la idealización construida a la que le hemos dado ese nombre. Nos liberamos de toda forma de perfección, pero en concreto, el dispositivo psicológico es la contrapartida de la liberación respecto de otras personas.

El Estado moderno que se declama «social», «benefactor» y protector tiende a la eternización de la dependencia y transmite sus valores por medio del control de los sistemas educativos centralizados. Estos propagan el núcleo de la dominación y el sometimiento que otras generaciones tal vez adviertan con facilidad en su perversión. Esto es, que la autoridad es el remedio para la incertidumbre, que los problemas se resuelven con «leyes» (órdenes), que lo importante es que el que da órdenes «sea experto». Ese Estado como un nuevo Dios, tiene a su cargo el control tecnocrático de la incertidumbre y, a cambio de sus servicios, exige sumisiones llamadas impuestos. Esto es lo que se «educa», lo que se difunde según la participación de las ovejas cada vez que alguien dice que el problema es «educativo», así, en general. Porque hay una «Verdad» que el estado posee. Solo se falla por no conocerla.

Claro que es difícil que la gente acepte que ese «producto educativo» viene implícito en los conocimientos prácticos que disfrazan las asunciones necesarias para el sometimiento. La fórmula mágica para combatir la incertidumbre, es tan fácil de vender desde que el hombre andaba en taparrabos, que llevará un esfuerzo enorme que se asuma que es una estafa muy cara.

Sin embargo, creo que lo haremos en algún momento de un modo masivo, no porque nos espere aquí en la Tierra ningún paraíso alternativo, o porque todos los problemas tengan solución. Muchos no lo tienen, mucha gente no está interesada en interactuar de un modo racional, algunos no pueden salir de la lógica de ser dominantes o dominados. Lo que se busca aquí abajo en el terreno de los cargadores de iPhone, son más oportunidades.

Cuando son los padres los que nos detienen, ellos están ahí. Cuando es la perfección, nuestra esclavitud se transfiere a los tranquilizadores. Los que mandarán, los que pintarán todo tipo de banderas, los que nos mostrarán lo que no tenemos y nos pondrán a su servicio para luchar contra el mal. Los tranquilizadores son el obstáculo principal que nos impide tener un cargador de iPhone.

Lo contrario al cielo como defecto, es la construcción como virtud, el acercamiento, la prueba y el error. Las pruebas de generaciones anteriores son nuestro principal capital.

Por eso veo al camino de hacer nuestra voluntad como una sucesión de capas de conciencia. Si parto desde el cristianismo, la idea de alma individual que se salva a través de su propio comportamiento, el hecho de que sea reconocida como algo falible y pecador, es decir lejano a la divinidad, tengo que ponerlo en ese camino. Aunque pueda llevar también hacia otras bifurcaciones que todo el tiempo se abren.

Puedo tomar al iluminismo como un rescate del pensamiento por encima de la revelación, aunque también pueda llevar al totalitarismo. Puedo tomar de la Revolución Francesa el impulso hacia el cuestionamiento de la legitimidad, aunque no la resuelva y aunque terminara en un mero baño de sangre en nombre de la virtud.

Puedo pensar que la revolución norteamericana y su Constitución fueron un paso gigante y a la vez observar los errores que los anti-federalistas puntualizaron en ese proceso y entender cómo a la larga tuvieron razón y el Estado federal se convirtió en un enorme problema.

Puedo encontrar problemas en John Locke, en Adam Smith, en Milton Friedman, en Hayek o en Ayn Rand. Al menos, errores que puedo ver ahora sin total seguridad de no estar cometiendo otros o de equivocarme en el juicio principal. Pero, sobre todo, sé que cualquiera sea mi conclusión, sin todas esas etapas no podría haber llegado a este punto de mi propio razonamiento.

Por supuesto, estoy muy lejos de la Revolución Francesa y muy cerca de Ayn Rand, pero lo importante no es que tan cerca estén ellos de ningún ideal, sino qué tan útiles me son para seguir adelante. De otro modo, caigo en el círculo celestial tan nefasto, otra vez.

Estados Unidos es para mí el gran ejemplo paradigmático de avances conmovedores en la lucha por la libertad. Pero a su vez, qué cosa puede causar más contrariedad que el hecho de que haya sostenido la esclavitud mucho más tiempo que Europa y hasta que Sudamérica. Que aún habiéndola abandonado, sea imposible de rescatar la horrorosa guerra de secesión que quiebra, en primer lugar, el principio de autogobierno y sus consecuencias lógicas, a la vez que crea un gigantesco Estado todopoderoso que presumo todavía no ha terminado de dar sus peores frutos. No tiene el más mínimo sentido hacer una sentencia final sin distinguir a Estados Unidos del resto del mundo. No se puede sino sentir admiración por su historia y por el modo que cambiaron la visión de tantas generaciones posteriores sobre la relación política.

A la vez, puedo pensar que estamos en la etapa de dejar a nuestros propios padres, a esos procesos constitucionales idealizados, nuestras Quebradas de Galt y nada más continuar la aventura desde el punto de partida que tantos antecedentes nos permiten.

Hágase tu voluntad es la invitación a romper más eslabones. El cielo es el más grande de todos, más grande que todos los otros juntos. Después del cielo pocos argumentos quedarán por los cuales nos digan que hay que matar o morir.

Este trabajo no tiene el fin de acabar con las creencias religiosas. Veo que la mayoría de la gente necesita hipótesis aún de cosas que no podrá probar. El problema para mí está en la idea de perfección y sobre todo en el engaño maléfico de que la hemos perdido porque somos malos, estamos mal hechos y hasta nacemos con deudas. Esa es nuestra carga más pesada, el yugo teórico a disposición de cualquier tirano. Si puede haber una creencia trascendente sin abonar a ese engaño, no lo sé.

No hemos pecado, queremos vivir y vivir requiere de unas virtudes que les son propias. Amar no es un tributo a ningún orden superior, es la materia de la vida en tanto sobre todas las cosas es una gran aspiración.

Escribí este ensayo para no quedarme con estas sospechas. No sé si es grande, si es pequeño, si será olvidado en una semana o en un año. Incluso si lo olvidaré yo mismo para pasar a otro tema. Pero como vivo pongo ladrillos. Es lo que soy, nadie es mi pastor.

EN LA MISMA COLECCIÓN

**Para más información,
véase nuestra página web**
www.unioneditorial.es

Made in the USA
Middletown, DE
20 August 2015